Alfons Wunschheim

Jagd vorbei!

Leopold Stocker Verlag
Graz – Stuttgart

Umschlaggestaltung: Atelier Geyer, Gleisdorf
Umschlagfoto: Michael Geyer, Gleisdorf

Die Deutsche Bibliothek – CIP-Einheitsaufnahme

Wunschheim, Alfons von:
Jagd vorbei! / Alfons Wunschheim. – Graz ; Stuttgart : Stocker,
1991
ISBN 3-7020-0616-8

ISBN 3-7020-0616-8

Druck und Bindung: Wiener Verlag, Himberg bei Wien
Printed in Austria

D. in großer Dankbarkeit gewidmet

INHALT

VORWORT

Noch einmal sei mir als sehr alter Jäger erlaubt, die Feder zu ergreifen, um alte und neue Erinnerungen festzuhalten.

Künftig wird der Erzähler schweigen —
— Jagd vorbei!

Ein uralter Hirsch

Der Revierteil hieß die Saugrube. Er bestand hauptsächlich aus freien, auf weiten Flächen von Erlen bedeckten Hängen, an deren Fuß sich erst schüttere Lärchenbestände anschlossen. Es war ein beliebter Brunftplatz der Hirsche, doch man konnte auch Gams antreffen, die vom Ladingkogel herunterkamen, gelegentlich auch brunftige Rehe.

Am Ende der Saugrube lag eine Hochalm, die damals im Sommer auch bewirschaftet wurde. Als ich im August wieder einmal dort vorbei kam, machten mich die Almleute darauf aufmerksam, daß in einem der riesigen Erlenbestände ein Hirsch seinen Einstand genommen hätte, dessen überaus lange Augenden man von weitem sehen könne. Was er sonst aufhätte, konnten sie jedoch nicht verläßlich ausnehmen.

Diesen Hirsch mußte ich mir genauer ansehen. Ich schlug ob des Windes einen weiten Bogen und setzte mich dann hoch oben oberhalb der Erlen an, von wo ich einen guten Anblick in die Erlen haben würde. Es war zeitig am Vormittag. Der Hirsch war sicher niedergetan und daher nicht auszumachen, man mußte also Vorpaß halten und warten, daß er doch einmal hoch werden und damit seinen Standort verraten würde. Also machte ich es mir bequem, legte Glas und Spektiv zurecht, stopfte mir eine Pfeife, entzündete sie genüßlich und begann der Dinge zu harren, die vielleicht kommen sollten. Die Sonne meinte es fast zu gut, sie brannte mir auf den Buckel. Das war kein Feisthirschwetter, aber was soll's, ich war ja zum Jagen hergekommen, einmal, irgendwann müßte der Hirsch doch hochwerden!

Immer wieder griff ich zum Glas und suchte die Erlen ab, in denen der Hirsch stecken sollte, doch ich konnte nichts entdekken. Ich saß nun schon drei gute Stunden, ohne daß ich auch nur ein Haar gesehen hätte. Gerade hatte ich mir wieder eine Pfeife angezündet, da hatte ich den Eindruck einer Bewegung im Er-

leneinstand. Her das Glas! Richtig, da war ein braunroter Fleck in den Erlen. Das mußte der Hirsch sein. Jetzt wird es spannend. Aber noch ist nicht mehr auszumachen als dieser braunrote Fleck, aber den lasse ich nicht mehr aus den Augen. Minuten vergehen, Ewigkeiten. Der Fleck wird größer, der Hirsch ist hoch geworden, ja es ist ein Hirsch, aber was hat er eigentlich auf. Nun muß das Spektiv her.

Der Hirsch, es ist der beschriebene, hat tatsächlich sehr lange Augenden, die im Mißverhältnis zum übrigen Geweih stehen, denn dieses ist ganz kurz und zeigt auf einer Seite ein brandiges Gaberl und auf der anderen ein brandiges Krönchen. Dem Gebäude nach ist es ein uralter Hirsch. Fürs erste bin ich zufrieden. Der Hirsch ist bestätigt, ist mehr als reif.

Jetzt kommt das zweite Problem. Wie komme ich gedeckt an ihn heran. Von meinem derzeitigen Standpunkt ist er viel zu weit entfernt, um eine sichere Kugel zu erhalten. Ich muß also näher heran. Diese Erlen bilden verschieden große Flecke. Dem Erlenfleck, in dem der Hirsch steht, sind zwei weitere vorgelagert. Ich muß also ganz nach rechts ausweichen, kriechend, um ungesehen in Deckung zu kommen. Gesagt, getan! Ich packe mein Zeug zusammen und robbe zum nächsten Erlenfleck hinunter, wo ich in Deckung bin, aber auch nichts sehe.

Die nächste Etappe besteht darin, ganz am Rande des Erlenflecks in Richtung Hirsch zu kriechen. Der erste Fleck ist überwunden. Mir rinnt der Schweiß aus allen Poren. Vorsichtig richte ich mich auf. Der Hirsch ist noch da, er hat sich mitten auf dem freien Fleck seines Einstandes niedergetan.

Jezt machen die Erlen eine Gasse, hinüber an den Rand des zweiten Flecks. Wenn ich an das Ende des zweiten Flecks komme, wird es brenzlig. Dort ist wieder eine Gasse, und dann bin ich auch schon vor dem Einstand meines Hirsches. Nun ist auch das geschafft. Ich liege schweißtriefend hinter den Erlen, indessen mein Hirsch döst. Zunächst muß ich verschnaufen, sonst verpatze ich womöglich alles. Der Hirsch hat das Haupt gegen den Wind, ist also glücklicherweise von mir abgewendet.

Es sind schätzungsweise nur etwa 50 Schritt bis zum Hirsch. Ich entsichere die Büchse, steche, richte mich auf die Knie, gehe

in Anschlag und mahne. Der Hirsch wird sofort hoch, um gleich wieder unter meinem Geschoß zusammenzubrechen.

Aber ich bin fertig und bleibe zunächst sitzen. Erst nach einer Weile stehe ich auf und steige durch die Erlen zum Hirsch. Das Spektiv hatte nicht betrogen. Der Griff in den Äser zeigt eine völlig ausgemahlene Unterkieferwanne, kein Kaurand mehr, keine Grandln, ein uralter Hirsch. Später habe ich das Geweih gemessen: 36 cm Augsprossen bei 63 cm Stangenlänge, federleicht.

Als ich schoß, schlug die Kirchenuhr in Dorfgastein 14 Uhr. Zwei Stunden hatte ich gebraucht, um an den Hirsch heranzukommen.

Ich mußte dann meinen Sohn und seinen Freund von der Alm holen, um den Hirsch aus den Erlen herauszubringen. Es brauchte drei Mann dazu. Erst dann konnte ich an's Aufbrechen denken.

Heute hängt das Geweih als Lehrstück im OÖ. Jagdmuseum Schloß Hohenbrunn bei St. Florian.

Der Revierjäger Engel erzählte mir dann einmal, daß ein Neunmalweiser bei der Trophäenschau den Hirsch ob seiner brandigen Enden als jung angesprochen habe. Mit diesem Engel, einem der besten Berufsjäger, die mir je untergekommen sind, hatte ich ein aufregendes Erlebnis.

Es war Hirschbrunft. Als wir um 5.30 Uhr über den Kokasertrieb zum Hochstand in der Rinne pirschten, herrschte Totenstille. Kein noch so schäbiger Trenzer war zu hören. Von diesem Hochstand aus erwartete man das Anwechseln des Wildes von einer nicht allzu fernen Salzlecke. Nach einer Stunde vorsichtigster Annäherung waren wir glücklich oben. Wir sitzen kaum, und ich will mir gerade eine Pfeife stopfen, meldet ein Hirsch näherziehend sehr gut. Vor uns ist eine Gasse im gegenüberliegenden Hang, abgeschlossen durch eine umgebrochene Lärche.

Das Röhren kommt immer näher, und das erste Tier schlieft durch die Äste. Noch drei Stück folgen, der Hirsch aber bleibt röhrend immer noch unsichtbar. Die Tiere ziehen nach rechts und verschwinden wieder aus der Sicht, da tritt der Hirsch von links endlich in die Gasse. Ein kolossaler Wildkörper, fahlbraun, ein starker Achter. Er bleibt stehen. Schuß, keine Reaktion. En-

gel schreit ihn an, während ich blitzschnell repetiere. Schuß; der Hirsch rouliert, Läufe in der Höhe, so daß Engel den Brunftfleck sieht, verschwindet im Hang. Die Tiere flüchten durcheinander bei uns vorbei.

Nach einer Zigarette gehen wir zum Anschuß, gute 200 Schritte. Kein Schweiß, aber starker Brunftgeruch, doch weit und breit kein Hirsch. Wir suchen hin und her, endlich finden wir die Stelle, wo der Hirsch wieder auf die Läufe gekommen ist, von wo die Fluchtfährte steil bergab führt. Immer noch kein Schweiß, aber man kann die Fährte, nicht zuletzt durch den Geruch, halten. Kurz bevor man auf den Almweg kommt, auf der Böschung, setzt sich Engel nieder, und wir halten recht betreten Kriegsrat. Gekrellt? Sollen wir den Hund von der Luggau holen?

Plötzlich sagt Engel „Was rührt sich denn da?“ — Himmel — das ist eine Stange! Der todwunde Hirsch liegt dreißig Schritt unter uns auf dem Steig. Ich schleiche näher und gebe ihm den Fangschuß. Die Sonne scheint nun heller als zuvor.

Rehböcke

In jenem oberösterreichischen Revier bei Eferding, das ich viele Jahre gepachtet hatte und dann mein Sohn Alfonso übernahm, gibt es einen dicht verwachsenen, engen, mit Tannen bestandenen Graben, an den sich eine steile Lehne anschließt, deren Hochwald vor nicht allzu langer Zeit der Axt zum Opfer gefallen war und nun einen Schlag bildet, der vom Rehwild gerne besucht wird, gibt es doch dort allerlei Leckerbissen. Oberhalb des Schlages führt die Waldstraße vorbei, an ihr steht eine hohe Kanzel.

Schon einmal hatte ich von dort einen Bock geschossen, einen meiner besten aus diesem Revier, in der Brunft aufs Angstgeschrei. Er hatte die zarten Töne völlig ignoriert und war erst auf das Geplärr ganz vorsichtig aus dem Blätterwald des Grabenrandes herausgetreten.

Jetzt war wieder Brunft, und ich strebte mit meiner Frau wieder zu dieser Kanzel. Am Straßenrand stand hohes rotes Schmielgras, das Deckung für eine gebückte Annäherung bot.

Wir stiegen also hinauf, und ich richtete zunächst meine Blikke auf den linken Teil des Schlages, während meine Frau, die hinter mir nachgestiegen kam, ihre Aufmerksamkeit dem rechten Teil widmete; und schon flüsterte sie „Bock und Gais". Das wäre ja toll. Tatsächlich, tief unter uns äste im kniehohen Kraut friedlich und nichtsahnend das Paar.

Das Glas zeigt einen typischen Abschußbock, rechts eine verbogene Stange mit angedeuteter Gabel, links eine solche mit Gabel, keine Augsprossen. Der paßt! Er steht ganz unten auf der Böschung, unter welcher der Steig entlang dem Graben führt, dahinter die grüne Wand, die den Graben verdeckt.

Im Schuß zeichnet er heftig, hat aber noch soviel Kraft, in den Graben hineinzuflüchten. Ich merke mir genau die Stelle. Bestimmt liegt der Bock, da reichlich Schweiß die Fluchtfährte anzeigt.

Also hinein in den Graben! Er ist so dschungelartig bewachsen, daß man keine drei Schritt weit sehen kann, aber die Fährte ist leicht zu halten. Der Bock ist noch gute fünfzig Schritt weit gegangen, nun liegt er endlich vor mir. Ich habe eine lange Hundeleine mitgenommen, die ich jetzt um seinen Träger binde. Ihn hier unten aufzubrechen wäre höllisch unbequem, ich muß ihn aus dem Graben herausbringen. Schritt für Schritt ziehe ich ihn, den Mannlicher-Schönauer habe ich abgestellt, den hole ich später. Mit einer Hand halte ich mich an dünnen Stämmen, während die andere zieht. Der Schweiß rinnt mir in Strömen in die Augen, die Mücken umschwirren mich. Es ist eine echte Plage!

Endlich bin ich oben, zuletzt zieht mich meine Frau hoch. Über eine Stunde habe ich gebraucht.

Jetzt erst einmal rasten, eine Zigarette rauchen, bevor ich die rote Arbeit beginne. Als ich dann diese zwar erledigt hatte, war aber noch nicht alles getan! Noch einmal muß ich zurück, um die Büchse zu holen. Es ist jetzt wie ein Kinderspiel! Von Ort des Aufbrechens sind noch gut fünfhundert Meter bergauf zum Auto. Immer an der Leine, ziehen wir zwei den Bock über die holprigen Rinnen des Steigs. Dann sind wir endlich oben.

Der Bock ist hart verdient, umso größer ist die Befriedigung. Er fiel am 6. August 1988. Er war der letzte Bock, den ich auf der Schaumburg erlegte.

Kommt man von unten herauf in das Tal der Gasteiner Ache, so bemerkt man sofort zur rechten Hand einen steilen, sich nach oben verengenden Graben, der unterhalb des Bärnkogels beginnt und daher auch den Namen Bärnkogelgraben trägt. In diesem Graben standen immer brave Böcke.

Im mittleren Drittel trat der Hochwald bis nahe an den Grabenrand heran, da es sich aber um raumes Holz handelte, bot er genügend Einblick. Dort am Rande hatte sich ein mächtiger Felsbrocken angesiedelt, der Überrest eines Felssturzes, der hoch genug war, um als Ansitz zu dienen und der von einer Seite bequem zu besteigen war.

Wir waren drei, mein Sohn Alfonso, 16jährig, sein englischer Freund Christopher H., zwei Jahre jünger — er kam zum Gegen-

besuch — und ich. Eigentlich zu viele, aber die Buben sollten die Rehbruft erleben, vor allem der kleine Engländer.

So bezogen wir also unseren Fels, der genügend Platz bot, und richteten uns dort oben ein.

Es war der 15. August, ich weiß es noch wie heute. Im Berg springen da noch die Böcke, während im Flachland die Brunft bereits zu Ende ist. Es war windstill und heiß.

Eine Weile saßen wir still, damit wieder völlige Ruhe eintreten könne. Dann griff ich zum Blatter. Erst einmal drei ganz zarte Fieper, denn der Bock könnte ja in der Nähe sein und bei lauten Tönen unvermittelt auftauchen. Nun, dem war nicht so. Nach einer Weile blatte ich länger und lauter. Immer noch nichts. Eine neue Serie. Aber jetzt sehe ich zwischen den Stämmen eine rote Bewegung. Er kommt! Es ist ein heller, hoher Sechser. Schon bin ich im Anschlag, steche. Jetzt bietet er sein Blatt, jetzt knallt es, und . . . „maustot gefehlt" würde der Revierjäger Engel gesagt haben.

Ich habe mich vor den Buben schmählich blamiert. Enttäuscht klettern wir alle hinunter, gehen zum 60 Schritt entfernten Anschuß, eine deutliche Narbe im Boden sagt, daß der Bock unterschossen war.

Was nun? Es ist noch früh am Tage. Zwanzig Minuten von hier, höher oben, weiß ich einen Mahder, an dessen Rand ein hoher Hochsitz steht. Dort könnte man es wieder versuchen. Wir steigen also langsam hinauf. Vom Hochsitz zum oberen Rand des Mahders sind es gut hundert Schritt. Wir haben uns kaum eingerichtet, an Blatten noch gar nicht gedacht, erscheint unser vorhin gefehlter Bock suchend im obersten Teil des Mahders. Ein Pfiff, der Bock verhofft und wieder danebengeschossen. Es ist mir unbegreiflich! Probeschüsse auf der Hütte erwiesen deutlich, daß die Schuld beim Schützen lag.

Dieser Christopher war ein merkwürdiger Knabe. Er zeigte keinerlei Gemütsbewegungen, man wußte nie, ob ihm etwas nahe ging oder nicht, war immer still und freundlich, ernährte sich vorzüglich von Weißbrot und Salami und lehnte andere Nahrungsmittel ab. Er durfte auch an der Erlegung eines abnormen Feisthirschen teilnehmen, der sich in einem riesigen Erlenfeld

niedergetan hatte. Als nach seiner Rückkehr nach England ein Dankesbrief seines Vaters kam, konnte man lesen, daß er bei seiner Ankunft strahlend ausgerufen hatte: „Oh daddy, I've had the most wonderful time!" Christopher war also fort und Alfonso auch. Ich blieb aber noch auf der Hütte, um noch einige Tage zu jagen.

Am 25. August stieg ich über den Bärnkogelgraben hinüber, um in den Wänden des Bärnkogels nach Gams zu schauen. Zu diesem Behufe mußte ich nun längs der rechten Grabenseite Höhe gewinnen. Eine Weile stieg ich schon bedächtig aufwärts, da blendete mich auf der drüberen Grabenseite hoch oben ein roter Fleck. Ich gehe sofort zu Boden und nehme das Glas hoch. Rehbock! Mein zweimal gefehlter Rehbock steht da oben wie ein Monument und äugt in die Gegend. Rucksack und Mantel herunter, aufeinander getürmt, dahinter gelegt und anvisiert. Es ist weit, mindestens 150 Schritt, aber es muß gehen. Im Knall bricht der Bock zusammen und rührt kein Glied mehr. Hab' ich dich doch! Ein tiefes Atmen durchpulst mich. Dann packe ich meine Sachen und steige wieder zurück und hinauf und sitze eine lange Weile neben ihm, bevor ich mich an die rote Arbeit mache.

Seine Zeit war um.

Am 28. Juni, dem Tag von Sarajevo, dem Vidovdan, war ich 85 geworden. Sollte man nun nicht zu jagen aufhören? Reichlich rüstig, wies ich diesen Gedanken von mir, winkten mir am Papier doch vier Rehböcke, ein Gams, ein Schaufler.

Nun, aus den vier Rehböcken wurden zunächst nur zwei, denn die erste Einladung in das Ötschervorland verlief in den letzten Julitagen ob Schlechtwetters erfolglos. Nur einmal gab es spannenden Anblick. Wir, der Jäger Helmut und ich, saßen auf einer Kanzel an der Tannwaldwiese. Der Name sagt schon aus, daß diese heimliche Wiese von Tannenwald umgeben ist. Zum Teil stand das hohe Gras noch. Wir saßen vorsorglich schon ab 17 Uhr dort und starrten in die Gegend. Nach geraumer Weile versuchte ich es mit Fiepen. Beim dritten Mal erscheint ein junger Spießer, flüchtet durch das hohe Gras, verfolgt von einem jüngeren Sechser, beide verschwinden wieder im Bestand. Der

Bock, dem es gilt, zeigt sich nicht. Ich stopfe gemächlich eine Pfeife und qualme vor mich hin. Das Wetter ist ausnahmsweise vorübergehend freundlich. Nachdem ich meine Pfeife ausgeraucht, ausgeklopft und gereinigt habe, beginne ich von neuem mit dem Blatten. Und es wiederholt sich dasselbe Spiel; erst erscheint wieder der Spießer, sichtlich in der Furcht des Herrn, hinter ihm der junge Sechser, wieder geht die Jagd zurück in den Bestand. Pause! Nach geraumer Zeit versuche ich es neuerdings.

Wieder erscheinen die zwei, aber links aus der Ecke tritt jetzt ein auf den ersten Blick jagdbarer Bock aus. Helmut hat ihn schon im Spektiv und sagt „das ist er". Der kommt längs des Waldrandes näher, links vor der Kanzel springt der Wald jedoch spitz nach vorn und bildet einen nicht einsehbaren Winkel, in dem der Bock verschwindet. Wir halten den Atem an, der Mannlicher liegt entsichert gebettet auf der Brüstung. Kommt uns der Bock knapp unter die Kanzel? Nichts, er ist verschwunden und steht auf weiteres Fiepen nicht mehr zu.

Das war das einzige Erlebnis von acht Pirschen. Also, mit dem ersten Bock war nichts. Bleiben noch drei.

Wie üblich zu großen Geburtstagen, hatte das Stift St. Florian, mit dem ich seit der Gründung des Jagdmuseums Schloß Hohenbrunn freundschaftliche Beziehungen unterhalte, mir den Abschluß eines I. Bockes gestiftet.

Am 3. August zog ich das erste Mal in dieses ausgesprochene Rehwildrevier. An den Bestandsrändern stehen zahlreiche, recht hohe Hochsitze, von denen man in die Felder hineinschauen kann. Am ersten Abend sehen wir zunächst nur einen suchenden jungen Bock. Die Kanzel steht am Eck des Bestandes und überschaut ein riesiges Kornfeld, dahinter eine Brache, die wieder von Mais begrenzt wird. Rechter Hand hebt sich das Feld zu einer Bodenwelle, so daß man nur wenig überhöht sitzt. Wie immer besteht die erste Fiepserie aus drei bis vier leisen Tönen für den Fall, daß ein Bock in der Nähe wäre. Erst dann folgen die lauten Töne. Plötzlich stößt mich der begleitende Jagdleiter leise an und deutet mit den Augen nach rechts. Da steht ein jagdbarer Bock, der von hinten geschlichen kam, unter uns im Korn, aber schon die erste vorsichtige Bewegung zum Griff nach der Büchse

quittiert er mit einer hohen Flucht, und weg ist er. Mir ist es eigentlich ganz recht.

Am zweiten Abend bestiegen wir eine andere Leiter am Rand einer kleinen Wiese gegenüber dem Bestand, der sich nach rechts in einer buschigen Böschung hochzieht. Dort am Rande sehen wir einmal kurz den gesuchten Bock hinter der Gais. Auf den Kitzruf springt ein junger Bock.

Ich übernachte diesmal, liebevoll aufgenommen, im Hause des Jagdleiters; hinter einem Glas Rotwein tauschen wir noch jagdliche Erlebnisse aus, bevor ich mich einschiebe.

Um 5 Uhr fahren wir wieder los, doch die Frühpirsch ist enttäuschend. So komme ich abends wieder, und wir beziehen die Kanzel vom ersten Abend. Immer wieder zieht eine Gais aus dem Wald in die Brache, verweilt nur kurz und zieht wieder ein, und plötzlich ist auch ein Bock da, der sie treibt. Sch. hat längst das Spektiv am Auge und sagt: „Der ist richtig." Es wird ein zacher Schuß, denn der Bock ist 150 Meter entfernt. Einstweilen treibt er noch. Am Mantel aufgelegt, folge ich ihm mit dem Fernrohr. Jetzt steht er nahezu breit und der Schuß bricht. Im Feuer fällt der Bock und rührt sich nicht mehr. Ich habe sofort repetiert, aber es braucht keinen zweiten Schuß. Wir steigen nun hinunter, auf einen Wildwechsel durchs Kornfeld hinaus auf die Brache.

Sofort fallen die starken Dachrosen auf, auf denen eher schwächere Sechserstangen wachsen. Ein Griff in den Äser bestätigt das Alter. Ein braver Ib. Einschuß Trägeransatz, Ausschuß Mitte Kasten. Hochbefriedigt fahren wir nach Hause.

Der dritte Akt spielt in der Südsteiermark, südwestlich von Leibnitz. In einer Informationsbroschüre des Fremdenverkehrsamtes hatte ich auf gut Glück einen Ort ausgewählt, der in der von mir sehr geliebten Weingegend lag, deren zum Teil recht steile Hügel eine entzückende Landschaft abgeben. Ich hatte schon im Juni dort erfolglos gepirscht, starke Böcke gesehen und die geradezu herrschaftliche Reviereinrichtung der Gemeindejagd anerkennend bewundert. Das Revier mit seinen heimlichen Wiesen war zum Verlieben. So kehrte ich am 8. August wieder. G., der Jagdleiter, hatte uns in einer mitten im Revier liegenden

Buschenschenke bestens untergebracht, aber betonte eingangs gleich, die Brunft wäre eigentlich vorzeitig am Ende. Er hatte leider recht. Stundenlage Ansitze zu allen Tageszeiten zeigten keinen jagdbaren Rehbock. Von der Karbergkanzel, wo ich im Frühjahr einen kapitalen Bock beobachten konnte, mit Standen über fünf Finger über Lauscher, zeigte sich nur ein hoffnungsvoller junger Sechser mit Gais. Auch ein Ansitz bei strömendem Regen, von Gewitter umtost, brachte schließlich keinen Anblick. Die Böcke waren mir beschrieben, so daß ich freien Ausgang hatte. Letztlich entschied ich mich für die Kleingrabenkanzel.

Der Wald umgibt ein inzwischen hochgewordenes riesiges Maisfeld, anschließend eine kleine Wiese. Dort sollten nach Beschreibung drei gute Böcke ihren Einstand haben.

Der erste Anblick, den wir hatten, war ein schwächeres Kitz, das wir schon vom Frühjahr kannten, das wir noch öfter beobachten sollten, und das den Eindruck erweckte, als hätte es die Mutter verloren. Auf's Blatten sprang zunächst ein jüngerer Sechser rechts aus dem Wald, der dann in den gegenüber liegenden Mais einzog. Wieder die übliche Pfeifenpause. Auf die nächste Serie bemerkt D. mit Augen wie ein Adler und Ohren wie ein Luchs eine Bewegung am obersten Rand des Maisfeldes. Da kommt nun ein Bock daher, auf den die Beschreibungen nicht passen. Eher enggestelte, aber hohe Stangen, starker Muffelfleck! Ich werde aus dem Bock nicht klug. Wäre doch G. da! Der Bock kommt ganz nahe unter die Kanzel und verschwindet im Mais. Und noch ein Stück steht zu. Dunkles Haupt, ja, das ist ein Knöpfler mit winzigen blankpolierten dicken Spießstummeln. Bevor ich aber das alles genau angesprochen habe, ist er schon im Mais verschwunden. Als ich G. bei der abendlichen Aussprache von den Böcken berichte, sagt er „das war der Mörderbock, warum hast du nicht geschossen?" — „Na, weil er mir nicht angesagt war". Natürlich sprang er nicht mehr und war wohl schon wieder woanders. Am nächsten Abend verdarb ein hetzender schwarzer Schäferhund alles.

Am letzten Abend (11. 8.) saßen wir noch einmal auf der Kleingrabenkanzel. Nach der gestrigen Störung nicht sehr hoffnungsvoll, aber es war der einzige Platz, von dem man sich noch

einen Anblick versprach. Ich hatte schon eine Weile vergeblich gefiept, da erscheint auf einem Wechsel, der im hohen Gras fast direkt auf die Kanzel führt, im Stich ein Reh. Auch ohne Glas erkenne ich unseren alten Bekannten, den Knöpfler. Seine Tage sind gezählt, ganz langsam kommt er näher, auf 15 Schritt unter die Kanzel, und erhält die Kugel. Mit einer riesigen Flucht verschwindet er hinter einem Busch. Ich steige hinunter und finde keinen Schweiß, nur D. entdeckt ein Stück Wildbret. Während ich noch weiter suche, sucht D. auf der anderen Seite der Buschreihe, und schon ertönt der Ruf: „Hier liegt er!“ Drei Fluchten nur, dann war er zusammengebrochen. Die Freude war groß, ich glaube, nie hat mir ein Knöpfler eine solche Freude bereitet wie dieser.

Am letzten Morgen machten G. und ich noch eine Frühpirsch. An einem kleinen heimlichen Wieserl machten wir halt und lehnten uns an einen Birnbaum. Dort sollte ein guter alter Bock stehen. Die übliche Blattserie, ich sehe, wie G. die Ohren spitzt und mit den Augen nach rechts deutet, doch nichts kommt aus dem Bestand heraus. Nachher sagt er, er hätte den Bock treiben gehört, Feinheiten, die zu erfassen mir nicht mehr gegeben ist.

Trotzdem war diese Jagdfahrt wundervoll. Nächstes Jahr soll und will ich wiederkommen, auch die Bretteljause und der Schilcher haben es mir angetan.

Das neue Jagdjahr begann mit einer Einladung in das Hohenlohische Revier bei Asten.

Der alte Revierjäger B., mit dem ich Ende Juni in der Au auf einem Hochstand sitze, hat einen Raucherkatarrh. Alle zehn Minuten hustet er lautstark und spuckt hörbar über die Brüstung wie ein alter Seebär. Dann nimmt er aufs neue eine Zigarette. Nach einer Weile — innerlich koche ich schon — wage ich ganz sanft die Anspielung, er sollte doch in seinen Hut hineinhusten. Die Antwort ist klassich: „Dös san's scho gwohnt“. Tatsächlich erscheint kurzfristig nach zwanzig Uhr ein recht respektabler Bock auf dem Stieg, ist aber schon wieder in der Dickung verschwunden, bevor ich den Mannlicher im Gesicht habe.

Erstaunlicherweise gehen wir am nächsten Abend nicht auf

denselben Platz, sondern versuchen unser Waidmannsheil an anderer Stelle. Die Au bietet immer wieder andere Aspekte, bei dem Äsungsangebot ist es durchaus verständlich, daß das Rehwild nicht immer auf die freien Flächen austritt.

Anblick gibt immer, meist sind es Schmalrehe, einmal auch ein Marder, der unterm Hochsitz vorbeihüpft — nie wieder gehen wir dorthin, wo wir am ersten Abend den guten Bock sahen — warum, ist mir unerfindlich, aber ich habe als Gast Hemmungen zu fragen.

Schließlich landen wir beim fünften Mal an einem in den Bestand eingesprengten Kleefeld. Dort steht nur eine einsitzige Leiter, B. bleibt also unten hocken. Hier verspricht er sich sicheren Erfolg. Klee ist immer ein Anziehungspunkt für Rehe.

Die Entfernung bis zum Waldrand, wo der Bock austreten soll, beträgt gute 120 Meter. Einmal zeigt sich eine Gais, die aber durch Kindergeschrei und Hundegebell irritiert, gleich wieder einzieht und erst wieder nach einer Stunde, nachdem Ruhe eingetreten ist, wieder erscheint; 20.45 Uhr (SZ) schiebt sich ein weiteres Stück heraus, die Spannung steigt, es ist aber nur eine zweite Gais. Der Bock zeigt sich nicht.

Am nächsten Tag gehen wir wieder hierher. Ich bin vor dem Jäger da und beziehe gleich die Leiter. Da steht um 19.00 Uhr am Waldrand ein Stück. Das ist ja ein Bock! Die Beleuchtung ist dort miserabel, ich kann ihn nicht verläßlich ansprechen und gleich ist er wieder im Bestand. Er könnte es aber gewesen sein.

Inzwischen ist auch B. eingetroffen, der nur mehr mäßig und verhalten hustet. Um 20.00 Uhr ist die Gais wieder da. Inzwischen ist auch das Geräusch einer Mähmaschine in unserem Rücken verklungen, und es herrscht eine wundervolle Stille. Um 20.45 Uhr steht wieder ein Stück am Bestandsrand, es ist ein Bock, es ist der Bock. Was er genau aufhat, kann ich nicht ausmachen, aber B. deutet mir, daß ich schießen soll. Im Feuer ist der Bock verschwunden. B. behauptet, er sei weich geschossen, denn er habe mit den Hinterläufen ausgefetzt.

Nach einer Zigarettenpause gehen wir mit B's vierjährigem Griffon zum Anschuß. Schon gleich windet der Hund in den Bestand und wird sofort geschnallt. Wie ein Blitz ist der Hund ver-

schwunden. Es ist jetzt schon völlig finster, aber da tönt heftiges Klagen, und B. stürzt schon in den Bestand. Kurz darauf kommt er mit dem Bock wieder. Der Bock war im Schuß, was ich nicht ausgenommen hatte, etwas schief gestanden, der Einschuß saß am Blatt, das Geschoß war aber schief durch den Körper gefahren, und der Ausschuß war waidwund. Die Freude ist groß, wenn auch dieser Bock bei weitem nicht so gut ist wie der vom ersten Tag.

Der Bock fiel einen Tag vor meinem 86. Geburtstag.

Nun kann ich die Rehbrunft nicht mehr erwarten, winken mir doch vier Böcke.

Am 25. Juli fahren E. und ich in das schöne Revier im niederösterreichischen Alpenvorland. Mit dem Revierjäger Helmuth gibt es eine herzliche Begrüßung, ist er doch seit der Pensionierung seines Vorgängers mein treuer, besorgter Begleiter.

Um 17 Uhr starten wir in's Moltertal. Dort gibt es einen an die zwei Hektar großen Schlag, bedeckt von gelbem Fuchskreuz, hohen Disteln, rotem Riedgras, in welcher Wildnis das Rehwild buchstäblich untergeht und nur in den Lücken sichtbar wird. Der Schlag ist durch eine Fichtenkulisse in eine kleinere und eine größere Hälfte geteilt. In diesem Schlag hat Helmuth einen guten Bock gesehen.

Wir beziehen die Kanzel am Waldrand und verharren zunächst einmal in aller Ruhe. Dann beginne ich wie üblich mit vier leisen Tönen, eine Vorsichtsmaßnahme, falls der Bock in der Nähe eingelagert wäre, nach einer Weile setze ich mit einer lauten, längeren Blattserie fort. Ergebnis null. Immer wieder suchen unsere Gläser den großer Schlag genauestens ab. Einmal sichten wir eine Rehgais, aber sie ist allein. Der Abend senkt sich hernieder, alles Blatten ist vergebens.

Am nächsten Morgen geht es zeitig wieder ins Moltertal. Nach langem Sitzen entdecken wir endlich wieder die Gais, aber dann ist plötzlich ein Bock da, zwar nicht der gesuchte, aber ein jagdbarer. Er beginnt sofort zu treiben, treibt aber von uns weg über den Riedel, ist aber ohnehin zu weit für einen sicheren Schuß. Wir baumen ab und fahren weiter nach hinten ins Ende des Pielachtales, zum Pielachursprung. Dort ist im steilen Gelän-

de ein heimlicher Schlag, der von der Straße aus einzusehen ist. Da stehen hoch oben zwei Stück Rehwild. Oberhalb der Bock, unter ihm, ihn verdeckend, die Gais. Helmuth nimmt das Spektiv und sagt sofort: „Das ist der Einstangler." Es sind gute 150 Meter da hinauf. Helmuth dreht den Wagen schief, so daß ich sitzend bei offener Tür, an ihre Gummidichtung angelehnt, schießen kann. Das Fadenkreuz des Fernrohres saugt sich in den Körper, aber noch steht der Bock verdeckt. Zwei Schritte noch, dann kann es knallen. Er läßt sich Zeit, verhofft immer wieder herunter. Aber jetzt macht er diese zwei Schritte, ist frei; nun bellt der Schuß, und der Bock ist verschwunden. Er muß in eine Mulde gefallen sein, die wir nicht ausnehmen können. Die Gais macht ein paar Schritte und äugt zurück. Zieht langsam weiter, äugt wieder zurück und verschwindet schließlich im Bestand. Helmuth steigt hinauf — der Bock lag tatsächlich mit Herzschuß in einer Mulde — und kommt schließlich mit dem Bock herunter. Er hat rechts eine ordentliche Sechserstange, die linke Stange ist abgebrochen, nur ein schiefer Stummel über dem Rosenstock ist geblieben.

Die Freude ist grenzenlos, bin ich doch dort die beiden letzten Jahre nie zu Schuß gekommen, habe nur den Aufenthalt im gemütlichen, geschmackvollen Jagdhaus mit Bridgespielen genossen. Sieben Uhr dreißig. Bei der jungen Pielach wird aufgebrochen und fotografiert, dann geht es nach Hause.

Die großzügige Jagdherrin gestattet, daß ich weiterhin im Moltertal mein Waidmannsheil versuche. Also sind wir abends wieder dort. Erst spät kommt der Bock von der anderen Seite über den Riedel, die Gais ist auch da, er beginnt zu treiben, sie aber ist unwillig und stellt sich in einen Busch, mein Blatten interessiert ihn nicht, er verschwindet gleich wieder.

Früh und abends hocken wir am nächsten Tag auf der Kanzel. Es ist immer dasselbe Spiel, wir können den Bock beobachten, er bleibt aber immer außer Reichweite und ist nie lange zu sehen. Inzwischen ist der letzte Morgen angebrochen. Wir sehen den Bock überhaupt nicht.

Auf der Heimfahrt, die Straße führt mitten durch den Schlag, bleibt H. plötzlich stehen und sagt: „Da ist der Bock." Heraus

aus dem Wagen, wie das schon so ist, in dem unübersichtlichen Gestrüpp sieht der eine das Wild, der andere schaut in die falsche Richtung. Einen Augenblick sei der Bock auf zwar weite, mögliche Schußdistanz sichtbar gewesen. Nun, es hat nicht sein sollen, aber ich habe einen interessanten Bock geschossen und fahre dankbar und beglückt nach Hause.

Zu Pfingsten war ich wieder in der Südsteiermark gewesen, doch wie im Juni vorigen Jahres, gab es bei dem Regenwetter keinen Anblick. Am 1. August kehrten D. und ich wieder. Unser Buschenschank war ausgebucht, wir fanden aber eine uns hochbefriedigende Privatunterkunft. Der „Mörderbock" lebte noch, gleich am Abend bezogen wir die uns wohlbekannte Kleingrabenkanzel. Wie im Vorjahr stand ein riesiges Kukuruzfeld im Waldbogen, der kleine Schlag von etwa tausend Quadratmetern war noch verkrauteter mit hohen Disteln, gelbem Fuchskraut, hohen weißen Dolden. Doch an diesem ersten Abend sprang weder der Mörderbock noch sonst ein anderer. Am nächsten Morgen waren wir wieder dort. Ich blatte wie gewohnt. Kurz nach sechs Uhr schiebt sich von rechts ein Bock aus dem Wald. D. sieht ihn zuerst, es ist ein braver Sechser, er zieht aber vom hohen Gestrüpp gedeckt quer in den Mais. Noch bevor ich mich entschließe, weiter zu blatten, kommt in der Mitte des Schlages eine Gais aus dem Mais, kurz dahinter der Bock, der nun ungedeckt stehenbleibt und auf den Schuß zusammenbricht.

Großes Aufatmen! Wir steigen herunter, und ich gehe zurück durch den von reichlichem Tau klatschnassen Schlag, etwa 100 Schritt weit zu dem Gefällten und hebe sein Haupt aus dem Gras. Es ist nicht der Mörderbock, aber das wußte ich von Anfang an. Doch die Freude ist groß. Sechs Uhr dreißig. Ich ziehe ihn hinaus auf die rechter Hand liegende Wiese. D. holt das Auto, und dann fahren wir stolz zum Hause des Jagdleiters, wo wir ihn fotografieren und aufbrechen.

Zweiter August, mein Namenstag!

Mein Sinnen und Trachten gilt aber dem Mörderbock. Wir verharren Stunden zu allen Tageszeiten, der Schlag bleibt leer. Wo er wohl steckt? Wie sich später herausstellen sollte, zu spät, er hatte sich überstellt.

Inzwischen hatte ich mit Maria Luggau telefoniert, wo der Jäger Hansl dafür plädierte, ich sollte schon Samstag kommmen. Wir unterbrachen unseren Aufenthalt in G. und fuhren nach einem vergeblichen Morgenansitz Samstag vormittag 250 Kilometer ins Lesachtal, wo wir um 16 Uhr programmgemäß eintrafen. Nach den notwendigen Einkäufen fuhren wir zu der mir wohlbekannten L.-Hütte. Butter und Getränke werden gleich in das kühle Wasser gelegt, das plätschernd in das hölzerne Becken rinnt, der übrige Proviant wird verstaut. Dann fahren Hansl und ich, während D. zurückbleibt, wieder zurück nach Maria Luggau und auf der anderen Talseite auf 1440 Meter hinauf zum höchstgelegenen Bauern des Lesachtales, in die Salach. Dort steht über einem steilen Wiesenhang, der unten vom Hochwald begrenzt wird, ein für die Gegend typischer Heustadel. Er ist zweigeschoßig, unten gemauert und weißgetüncht, oben dunkler, von der Sonne gebräunter Holzaufbau, den man über eine Brücke betritt, die in den großen Heuboden führt. Auf der Vorderseite ein überdachter Balkon, von dem man hinunter auf die steile Leiten blickt. Auf diese Wiese soll der Bock so gegen 20 Uhr ausziehen.

Wir sind — 18.00 Uhr — viel zu früh dran, also mache ich es mir im Heu bequem und bin alsbald eingeschlafen, während Hansl dem Bauern einen Besuch abstattet. Es ist sehr heiß.

Um 20.05 wache ich jäh auf und blinzle durch einen Spalt der Balkonwandung nach unten auf die Wiese und werde sofort hellwach, denn da unten in der Mitte der Grünfläche äst heißhungrig ein Bock mit hohen Stangen. In dem Moment kommt auch Hansl zurück und sagt: „Jawohl, das ist er". Den Rucksack auf die Brüstung gelegt, Kolben fest in die Schulter gedrückt, das Fadenkreuz steht im Blatt, dann knallt es. Dem Bock reißt es die Läufe weg, und er walgt gute hundert Meter hinunter, bis er am Waldrand zum Stillstand kommt. Jetzt sind es an die zweihundert Meter bis zu ihm.

Hansl steigt hinunter, bricht ihn unten auf, und dann ziehen zwei Mann — ein Knecht ist zu Hilfe gekommen — den Bock herauf zum Stadel, wo ich die Männer erwarte und meine Fotos mache. Mit seinen gamsartig nach hinten gebogenen engen und

hohen Stangen ist er ein interessanter Bock. Eigentlich zu rasch, aber so ist es eben auf der Jagd. Einmal plagt man sich tagelang ohne Erfolg, dann schenkt einem die launische Diana in kürzester Zeit eine Beute.

Nun fahren wir zurück. D. empfängt uns erstaunt und eher bedrückt, in der Meinung, morgen schon wieder die weite Rückfahrt antreten zu müssen. Ich handle aber mit Hansl aus, daß wir erst übermorgen fahren. Dann wird einer Flasche Muskat-Ottonel der Hals gebrochen und der Bock totgetrunken. Noch lange sitzen wir und tauschen alte Erinnerungen aus, ich bin ja zum vierten Mal in dieser herrlichen Gegend der Karnischen Alpen.

Wir versuchen es am nächsten Vormittag oberhalb der Hütte an drei idealen Plätzen mit Blatten, gänzlich ohne Erfolg. Zu Mittag hatten wir die Rehleber gebraten und sie vor der Hütte sitzend genüßlich verspeist.

Auch beim nachmittägigen Pirschgang im Mosertal springt kein Bock. Erst abends entdecken wir im Haupttal auf der drüberen Seite einen sichtlich alten Bock und eine Gais. Noch steht er nicht bei ihr, er hört auch mein Fiepen, aber es lockt ihn nicht.

Nachmittag sind wir wieder in G. „Sitzen, sitzen, sitzen" sagt H., und so sitzen wir abends wieder von 18.00 bis 21.00 auf der Kleingrabenkanzel und haben — D. mit ihren Falkenaugen entdeckt es zuerst — ganz spät über das große Maisfeld hinweg im dahinterliegenden Hochwald in einer Lücke den Anblick eines Rehpaares. Der Bock ist am Spiegel deutlich auszunehmen, aber was er auf dem Haupt hat, ist nicht mehr zu erkennen, war es der Mörderbock? Die Frage bleibt unbeantwortet.

Nachts ein Gewitter; am Dienstag (7. 8.) regnet es nahezu ununterbrochen.

Die wein- und waldbedeckten Hügel begrenzen im Süden das breite Saggautal, das von einem Meer von Maisfeldern bedeckt ist, in das nur gelegentlich, jetzt schon abgeerntete Felder eingesprengt sind. In der Mitte steht die Saggaukanzel.

In diesem Urwald von Mais sollen zwei starke Böcke zu Hause sein, die gelegentlich aus ihm heraustreten. Schon in der Früh saßen wir zwei Stunden ohne Anblick dort, dann versorgten wir uns im Ort mit Lesestoff und saßen 6.30 Stunden auf der

Kanzel. Es regnet in Strömen, der Himmel ist grau verhangen.

In den wenigen Regenpausen erscheinen auf der Asphaltstraße eine Fasanhenne mit Gesperre, zwei Hasen, ein Schmalreh, aber kein Bock. „Sitzen, sitzen, sitzen!“ Aber kein Bock tritt aus, geschweige denn, er triebe.

Am nächsten Morgen ist das Wetter wieder wesentlich besser, nach einem neuerlich vergeblichen Ansitz im Kleingraben entschließe ich mich zu einer Pirsch in dem in Betracht kommenden Revierteil. Das Laub ist jetzt völlig aufgeweicht und gestattet ein lautloses Pirschen, doch wir finden weder Fährten noch Losung.

Inzwischen ist ein Neffe des Jagdleiters aus der Schweiz angereist, er sieht den gesuchten Bock um 11 Uhr vormittag an der Straße, welche die Reviergrenze bildet, als dieser über sie zum Nachbarn wechselt.

H. disponiert um und schickt uns in den Wernergraben, wo ebenfalls ein jagdbarer Bock stehen soll.

Der Wernergraben beginnt gleich hinter dem Ort, etwa 350 Meter von der Bundesstraße entfernt, deren Verkehrslärm leider deutlich hörbar ist; zunächst breit, wird er gegen sein Ende immer enger und steiler. Dort besteigen wir eine in einen alten Birnbaum kunstvoll eingebaute Kanzel über 23 Leitersprossen, die über eine Wiese zum Waldrand blickt. Auf mein Blatten erscheint nach einer Weile am Rande ein Reh. Stark im Gebäude, kahles Haupt; ist es eine Gais? oder etwa ein Knöpfler? Es steht breit, so daß ich keinen Spiegel sehen kann. Jetzt zieht es weiter und erweist sich, wie vermutet, als Knöpfler.

Unten auf der Grabensohle hat ein Mann begonnen mit dem Motormäher Gras zu schneiden, verursacht einen Höllenlärm, was dem Knöpfler zu dumm wird und zu flüchtigem Abgehen veranlaßt. Auch als nach 20.00 Uhr Ruhe eintritt, zeigen sich nur auf der weit entfernten drüberen Grabenseite zwei Gaisen.

Als ich beim abendlichen Erlebnisaustausch vom Knöpfler berichte, heißt es: „Warum hast Du nicht geschossen — ein völlig unbekanntes Stück.“ Soll ich auf einen Knöpfler schießen, während ich auf Besseres warte?

Am nächsten Morgen wieder dort. Immerhin gibt es wenig-

stens Anblick. Eine Gais mit starkem Kitz, am Rand eines weit entfernten Maisfeldes Gais und Bock, ich kann aber ohne Spektiv nicht ausnehmen, was er aufhat. Während wir uns mit ihm beschäftigen, springt eine Gais fast unter den Hochstand und wird gleich wieder flüchtig ohne zu schrecken. Der gesuchte Bock glänzt durch Abwesenheit.

Untertags eine neuerliche Pirsch, schon erschwert durch das wieder fast trocken gewordene Laub, ohne Anblick. Abends wieder auf die Werner-Kanzel. Auf unserer Seite nichts, drüben treibt ein Bock, lagert sich ermüdet, das erste Mal, daß ich all die Tage treiben sehe. Noch zwei Gaisen, die im Licht der sinkenden Sonne wunderbar rot leuchten. Um 20.20 Uhr ein Schuß!

Als wir zum Auto kommen, stehen dort H. und sein Neffe, der einen braven Sechser erlegt hat. Wir fahren dann alle zu der kleinen Hütte, die mit jagdlichen Erinnerungen angefüllt ist, wo der Bock totgetrunken wird. D. und ich verabschieden uns bald, der morgige Tag soll unter H's Führung noch einmal dem Mörderbock gelten, der jetzt sichtlich an der Grenze steht, denn der Neffe hat ihn schon wieder, aber im Nachbarlichen, gesehen.

Als ich am nächsten Morgen um 6.00 Uhr bei H. ankomme, sind nur sein Sohn und sein Neffe auf. H. liegt — sie haben bis 4.00 Uhr früh gebechert — hagelvoll im Bett. Also nichts mit dem Mörderbock, ich werde zum Werner-Graben gebracht. Um 6.30 Uhr besteige ich voll Grimm die Kanzel. In mir kocht es, aber ich muß mich abfinden und lasse alsbald den Kitzruf ertönen, in der vagen Hoffnung, vielleicht die Gais, bei der der Bock jetzt steht, zu locken und ihn mit ihr.

Nichts. Halt! Steht da nicht am Waldrand, dort wo es am dunkelsten ist, ein Stück? Glas hoch, mein Knöpfler! Er zieht jetzt breit vor der Waldkulisse und verhält. Ich habe ihn bereits im Fernrohr und mit einer nicht ganz ruhigen Hand löst sich mein Schuß.

Der Bock fetzt mit den Hinterläufen aus und ist im Nu im Holz verschwunden, ich weiß genau die Stelle. Er hat sichtlich die Kugel, aber etwas zu kurz.

Langsam ebbt die Erregung ab. Ich bleibe nun eine geschlagene Stunde sitzen, überlege den ganzen Vorgang und komme zur

Überzeugung, der Bock ist tödlich getroffen. Nach einer Stunde baume ich ab und steige die hundert Meter zum Anschuß, kann aber keinen Schweiß finden.

Um 8.00 Uhr kommt der Neffe mich holen, wir fahren zu H., der inzwischen hoch geworden ist, er nimmt seinen Münsterländer Ali, und wir fahren zurück zum Anschuß. Auf der Fahrt dorthin kommen wir an einem Kürbisfeld vorbei, wo eine weiß-gelbgefleckte Katze versucht, ein Fasangesperre zu beschleichen, was von der Mutter durch wilde Sprünge verhindert wird. Ich konnte dergleichen noch nie beobachten. Am Anschuß, etwas weiter vorn, als ich gesucht hatte, findet H. einen Fetzen Leber. H. und sein Neffe suchen nun im Wald bergab und finden nichts. Ali faselt und findet auch nichts. Ich bin inzwischen zum Anschuß zurück in den Bestand und suche nun auf den Knien die Stelle ab, wo der Knöpfler hinein ist, und finde neuerlich auf einem Blatt Leberschweiß und dann noch einmal. Inzwischen ist der Neffe zurückgekommen — er wollte schon resignieren — und sucht im Bestand weiter. Dort ist braunes Laub, das die Suche erschwert, aber gemeinsam finden wir immer wieder tropfenweise dunklen Schweiß. Die Fährte geht bergauf. Nach ca. 200 Metern findet er den längst verendeten Bock. Es ist der mir in meinem langen Jägerleben einmalig vorgekommene Fall, daß ein krankgeschossenes Stück gegen Lehre und Erfahrung bergauf flüchtete.

Der Schuß saß etwas tief, hatte die Leber zerfetzt und später auch zum Austritt von Panseninhalt geführt. Am Haupt trug der Knöpfler winzigste Knöpfchen, die von schwarzen Locken verdeckt waren. Er wog 20 Kilo und war drei Jahre alt. Im Vorjahr hatte ich am gleichen Tage (11. 8.) ebenfalls einen ähnlichen Knöpfler geschossen.

Nachmittags sollte ich es noch einmal, zum letzten Mal, auf den Mörderbock versuchen, im Hochwald nahe der Grenze, nahe seines Wechsels. Die Grenze aber wird von einer am Samstag stark befahrenen Straße gebildet, ein Umstand, den wir nicht bedacht hatten. D. streikt des vergeblichen, anblicklosen Hockens überdrüssig und macht sich selbständig, wird mich abends abholen. Einmal im Dunkel des Grabens, bemerke ich eine weiße Be-

wegung. Das Glas zeigt eine scheckige, sichtlich verwilderte Katze, die mich, als ich das Glas hebe, sofort weghat und Reißaus nimmt. Ich versuche es einmal mit dem Kitzruf, später einmal mit dem Angstgeschrei, doch alles umsonst! Der Bock blieb wohl beim Nachbarn, seine Zeit war noch nicht um. Der Knöpfler jedoch, der ohne mich verludert wäre, macht mir eine immense Freude. Der Brunftbetrieb hingegen war schlecht wie noch nie.

Zum Abschied fahren wir hinauf zu unserem Buschenschank und genießen noch einmal den herrlichen Wein.

Hirschbrunft in Pannonien

In den ersten Septembertagen saßen wir bei Freunden am Oberhof bei Pernitz und spielten Bridge. Daneben befaßte sich das Gespräch mit der bevorstehenden Hirschbrunft. Dabei kam zur Sprache, daß der pensionierte Berufsjäger des Hausherrn, der ihn sonst begleitete, krankheitshalber diesmal zu Hause bleiben und H. allein nach Ungarn fahren müßte, wo er im Raume Szombathély (Steinamanger) einen Abschuß eines Brunfthirschen (Gewicht 6—7 Kilo) gebucht hatte.

Ein Wort gab das andere. Es wurde beschlossen, daß ich ihn begleiten solle. In aller Eile wurden für mich die notwendigen Formalitäten eingeleitet und erledigt. Am 10. September starteten wir von Oberhof gegen Ungarn.

An der Grenze bei Rattersdorf-Güns (Köszeg) war kein Verkehr, die Abfertigung flüssig. In Szombathély gab es die ersten Schwierigkeiten, denn kein Mensch konnte uns sagen, wo die Mátra utca wäre, bis es mit Hilfe eines Tankstellenwärters gelang, richtig eingewiesen zu werden.

Der Gewährsmann war nicht zu Hause. Während wir mit seiner Frau an Hand einer Skizze radebrechten, wie wir zum 50 km entfernten Jagdhaus fänden, kam sein Anruf, er wäre schon am Wege nach Hause, wir sollten warten. Im Hause hingen eine Menge bester Rehböcke und ein starker Hirsch, die wir einstweilen begutachteten. Dann war er da und fuhr uns voraus nach Kemenesmagasi (sprich Kemeneschmagaschi). K. ist im Gegensatz zu den meisten pannonischen Dörfern, die langgestreckte Straßendörfer sind, ein Haufendorf, an dessen östlichem Rand das Jagdhaus liegt, das sich als das Haus des Berufsjägers entpuppt — also keine Spur von einem Jagdhaus — wo wir in einem riesigen Zimmer untergebracht wurden, in dem eine Araukarie und eine riesige Zimmerpalme standen, aber keine Möglichkeit geboten wurde, Wäsche, Strümpfe und andere Utensilien unterzu-

bringen. Gerade, daß man die Kleider aufhängen konnte. Man mußte aus dem Koffer leben. Ansonsten war alles blitzsauber, die Verpflegung sehr gut, die Betreuung vorbildlich.

Bei allen meinen Ungarnfahrten habe ich nie eine wirklich befriedigende Unterkunft erlebt.

Wir waren etwa gegen 16 Uhr (SZ) angekommen, eine Stunde später geht es ins Revier.

Die Gegend ist bretteleben, das Revier 7 000 ha groß, dominierend die Akazie untermischt mit Eiche, dazwischen Föhrenwald und Föhrenkulturen. Breite Waldstraßen von hohem, jetzt gelbem Gras eingefaßt durchziehen das Revier, von denen schmälere Gestelle seitlich abzweigen. Wenige Kanzeln, auf denen man nur stehen kann. Der Akazienwald besteht hauptsächlich aus Stangenholz, das keinen tieferen Einblick gewährt.

Mir wird ein junger Jäger namens Zoltan zugeteilt, der ausgezeichnet hört. Überhaupt sind Attila, der Oberjäger, mit dem H. geht, und auch Zoltan sympatische Typen, deren Deutschkenntnisse allerdings nur mäßig bzw. rudimentär sind.

Die Fahrzeuge sind sonderbar. Der Oberjäger hat einen kleinen offenen Lieferwagen, dessen Kupplung nur schwer einrastet, Zoltan kommt mit einem roten Kastenwagen daher. Mit diesen Vehikeln fahren wir also los, so 6 km weit. Nach einer längeren Pirsch, bei der mehrere Hirsche in der Ferne melden, die aber nur Z. hört, landen wir am Eck eines mehrere Hektar großen Feldes, das an zwei Seiten von Wald umgeben ist. An diesem Schnittpunkt lassen wir uns nieder. Unmittelbar vor uns ist eine Teilfläche mit Grünzeug bewachsen, das ich für Winterraps halte.

Kurz vor 18.30 Uhr tritt ein Tier aus, etwa 150 Schritt weit, schließlich sind es acht Stück Kahlwild und ein Zwölfer mit hohen Stangen. Er röhrt und umkreist sein Rudel. Dann bearbeitet er mit seinem Geweih den Ackerboden, daß die Blätter nur so fliegen. Er ist aber zu jung. Um 19 Uhr kommt von der anderen Seite röhrend ein dunkler starker Hirsch eiligst herangetrollt und nähert sich dem Rudel, was den viel helleren Platzhirsch veranlaßt, ihm entgegenzuziehen. Und jetzt zeichnet sich ab, daß es zum Kampf kommen wird, denn die beiden Hirsche ziehen parallel zueinander einher, bis plötzlich der Platzhirsch stehen

bleibt, der andere Front macht, und schon krachen die Geweihe aneinander. Das Geschiebe geht hin und her. Aber der Dunkle ist sichtlich der Stärkere. Das Ende des Kampfes ist nicht zu sehen, weil die Waldgrenze vorspringt. Aber kurz darauf erscheint der Dunkle wieder und nimmt von dem Rudel Besitz, steht breit im letzten Licht und röhrt seinen Sieg in die dunkelnde Nacht. Was er wirklich aufhat, habe ich nicht genau ausnehmen können, es dürfte ein Vierzehnender gewesen sein.

Ich bin tief bewegt. Wie viele Jäger haben in ihrem Leben einen solchen Zweikampf erleben dürfen?

Hochzufrieden fahren wir zurück.

H. war mit einem Hirsch zusammengekommen, konnte aber nicht schießen, weil er nie wirklich frei war.

Am nächsten Morgen röhren die Hirschen gut, ich selbst höre drei, Z. mehr. Wir kommen mit einem geringen Hirsch zusammen, der drei Tiere bei sich hat. Es ist ein klarer Morgen, und wir rennen einem Hirsch nach, der röhrend mit einer fast metallischen Stimme vor uns im Stangenholz wegzieht und auf unser Röhren nur antwortet, aber nicht zusteht. Er verstummt schließlich im Einstand, aus dem gestern der Dunkle herauskam.

H. kam zu Schuß und erlegte einen ungeraden Vierzehnender auf 30 Schritt im Holz. Der Hirsch hat auffällig kurze, aber dicke Stangen, die Freude ist groß.

Abends starker Nordwind, der sich zum Sturm auswächst, kein Ton, kein Anblick.

Der starke Wind blies die ganze Nacht und hat sich nicht gelegt, dennoch pirschen wir in den Einstand, in dem der Hirsch mit der unverkennbaren Stimme meldet. Der Wind hat den Vorteil, daß er schwächere Geräusche überdeckt. Einmal entdecken wir ihn auch, aber an Schießen ist nicht zu denken, er ist auch gleich wieder verschwunden und verschweigt. Um 7 Uhr geben wir auf. Ich bleibe am Gestellsrand sitzen und schicke Z. den Wagen holen.

Plötzlich kommt Z. aus dem Wald herausgestürzt und sagt: „Hirsch auf Straße“. Wir kriechen etwas nach vorn, gedeckt durch die hohen Gräser, da steht auf 40 Schritt der Hirsch hoch erhobenen Hauptes im Stich frei vor uns. Sehr hohe Stangen,

eine enorme Auslage, vierzehn Enden. Ein einmaliger überwältigender, unvergeßlicher Anblick, der sich für immer einprägt. Ich knie am Stock. Der Hirsch hat sich inzwischen nach rechts gewendet, hat das Haupt gesenkt und ist von den Gräsern fast völlig verdeckt. Der ist viel zu gut für mich, ich schätze ihn auf gute acht Kilo. Ich habe zwar gestochen, doch wage ich den Schuß nicht. Irgend etwas hat der Hirsch aber nun doch Verdächtiges bemerkt, denn mit einer lässigen Flucht ist er im Holz.

Ich hole tief Atem. 8 Uhr. Z. hat im Anfahren den Hirsch auf weite Entfernung entdeckt, hatte angehalten und war durch den Wald zu mir gelaufen.

Ich kann mich aber nicht ganz des Eindruckes erwehren, daß die Jäger die Hirsche nicht wirklich kennen und man auf gut Glück pirscht.

Über Mittag waren wir nach Kesztely an den Plattensee gefahren, wo ein internationales Seniorentennisturnier stattfand, an dem Freunde von H. beteiligt waren. Dort befindet sich eine Abrechnungs- und Vermessungsstelle der MAVAD. Da waren dikke Hirsche mit 11, 10.5, 10.3, 9 und 8 Kilo zu sehen. Es war für mich sehr lehrreich, denn es bestätigte meinen Eindruck, daß mein Hirsch mindestens 8 Kilo Geweihgewicht gehabt haben dürfte.

Die Abendpirsch ist völlig erfolglos. Die Hirsche verschweigen, der starke Wind hält an.

H., dessen Gattin im Spital liegt, strebt begreiflicherweise nach Hause, es bläst noch immer der starke Nordwind, so fahren wir am 13. über Ödenburg (Sopron) heim. Bei der dortigen MAVAD wird der Hirsch gewogen und vermessen. Mit 6,3 kg und 179,6 CIC-Punkten erhält er eine Bronze-Medaille.

Obwohl ich ohne Bruch heimkehre, bin ich vom Erlebten hoch befriedigt.

Zwischen Ötscher, Hochkar und Priel

Ende Oktober waren meine Frau und ich nach Steyrling gestartet, in der Absicht, den mir von meinem erst kürzlich verstorbenen Freund Gottfried v. St. zum 85. Geburtstag bewilligten Gamsabschuß zu tätigen. Weil seine Witwe uns begleitete, war auch das gemütliche Jagdhaus am Ebner bewohnbar. Es war das herrlichste Wetter, wolkenloser blauer Himmel, die Sonne strahlte über dem herbstlich bunten Mischwald, es war mild und auf den Häuptern des Zwillingskogels und des Großen und des Kleinen Priel lag Schnee. Ich hatte freie Büchse, es waren auch noch Hirsch und Tier zu schießen.

Am ersten Abend klomm ich über eine endlose Leiter eine steile Böschung hinauf, um über eine gleiche zu einem Hochsitz zu gelangen, der auf der Habacherreith Anblick auf Rotwild geben sollte. Doch nichts zeigte sich. Den nächsten Tag verbrachten wir gänzlich im Revier, versaßen dreimal zwei Stunden auf drei verschiedenen, äußerst geschickt angelegten Ständen; einer davon lag gegenüber der Steilwand des Kleinen Priel mit Blick in ein Kar, doch hatten wir dort so gut wie keinen Anblick. Es war einfach zu schön. So fuhren wir letztlich ohne Bruch nach Hause. Drei Wochen später war ich in jenem wundervollen Revier des Ötscherlandes, in dem ich seit Jahren jagen darf. Das Jagdhaus liegt auf 800 Meter, die höchste Ergebung gipfelt bei 1 200 Metern. Im Schatten des Jagdhauses lag noch Schnee, auf der Schattseite fanden sich noch Reste des letzten Schneefalles. Das Wetter war wieder — nach Tagen Schlechtwetters — prachtvoll. In acht Pirschen und Ansitzen gab es immer wieder Anblick, mal einen suchenden Gamsbock, dann wieder Tier und Kalb, mal ein kleines Gamsrudel. Ganz oben im Pielach-Ursprung entdeckten wir einen bräunlichen Gams, der unser Interesse erregte, denn nach der Farbe schien er alt, aber er war so weit entfernt, daß wir nicht einmal die Krucken richtig ausneh-

men konnten, er stand auch so hoch oben, daß man an ihn schwer herankonnte, alles aber außer Reichweite.

Es waren die Tage um Vollmond, der in den Wald hineinleuchtete und sich in den Pfützen spiegelte, während noch im Westen in Götterdämmerung ähnlicher Stimmung glutrot die Sonne versank.

Einmal wurde es spannend. Der Jäger Helmut und ich saßen auf einem Hochsitz am Peilstein, einem Schlag, den links eine Dickung abschloß, vor der ein schmaler Streifen hohen Holzes vorgelagert war. Von dort her sollte Hochwild ausziehen. Ganz spät, beim zweiten Ansitz, erscheinen tatsächlich dort ein Kälbertier nebst Schmaltier. Unablässig sucht das Glas diesen nun schon ganz im Dunklen liegenden Streifen ab, einmal steht das Schmaltier wie ein Schattenriß vor dem noch hellen Abendhimmel, aber es ist gleich wieder im Dunkel untergetaucht. Und plötzlich werden das Tier, Kalb und Schmaltier zwischen den Bäumen nach hinten in die Dickung, aus der sie gekommen waren, flüchtig abgehend sichtbar. Der Vollmond steht darüber.

Auch die Stimmung am Morgen ist zauberhaft, wenn die aufgehende Sonne den Spitzkegel des Ötschers rot aufleuchten läßt.

Auf der letzten Pirsch hätte es noch fast auf eine Gamsgais geklappt. In der Seisenbachmauer stand ein fünfköpfiges Rudel mit einem jungen Bock. Die Brunft hatte gerade begonnen. Wir entdeckten das Rudel noch aus weiter Ferne, konnten aber dennoch mittels Spektiv eine abschußwürdige Gais ausmachen. Die Frage war nur, ob das Rudel dort so lange aushalten würde, bis wir uns auf Schußnähe genähert hatten. Der Versuch mußte unternommen werden. Doch mit des Geschickes Mächten . . . Als wir endlich in der Nähe waren, war das Rudel — es war während unserer Annäherung lange Zeit verdeckt — bereits außer Reichweite weiter oben in den Felswänden. Aus der Traum! Wieder nichts!

Ich muß allerdings gestehen, daß speziell in diesem Revier Pirschen und Ansitze außerhalb von Reh-, Gams-, bzw. Hirschbrunft stark dem Zufall ausgesetzt sind oder von der Huld Dianas abhängig, denn der Chauffeur des zu Besuch weilenden Fürsten schoß zwei Morgen hintereinander Tier und Kalb, während Graf Sch. und ich nie zu Schuß kamen.

Wenige Tage später, ich war bereits wieder daheim, war wieder prachtvolles Wetter, und ich entschloß mich blitzartig, noch einmal in die Steyrling zu fahren. Ein Anruf beim Revierjäger, und schon saß ich diesmal im Zug. Um 11.00 Uhr war ich in Steyrling. In flotter Fahrt ging es Richtung Hinterstoder, dann durch ein wildes Felsental auf kühn gebauter Straße bis unter die Wände des Kleinen Priel. In einer Kurve hält das Fahrzeug, und auf einem bequemen Steig dringen wir in den Graben ein. Der Steig führt ganz langsam bergauf, erst später steigt er in kleinen Serpentinen zum Stand an, der mitten in den Latschen das ganze Tümpfelkar beherrscht. Auch hier ist der Schnee wieder verschwunden. Uns gegenüber droht die Steilwand des Kleinen Priel.

Um die Mittagszeit sind wir oben. Beim Anstieg hatten wir keinen Anblick, obwohl die Brunft schon im Gange ist. Wir richten uns häuslich ein. Es ist erstaunlich mild und nicht wirklich kalt, obwohl die Sonne nicht mehr in den im Schatten liegenden Graben hereinscheint. Eine Rippe Schokolade und ein Schluck aus der Thermosflasche ersetzen das Mittagessen. Wir sitzen und spekulieren. Als Jagdgast und schon gar als alter Herr, jagt man nicht allein. Zu Zeiten, wo ich allein pirschte, führte ich immer, so wie F. v. Gagern, ein Buch mit und las. Gedanken über die Schlechtigkeit der Welt, die gute alte Zeit oder Reminiszenzen an den verlorenen Besitz — in meinem Fall in Südmähren — sollen meines Erachtens nur fallweise und nicht in fast jedem Kapitel dargeboten werden.

Gegen 13.00 Uhr erscheint plötzlich ein zwei- bis dreijähriges Gaiserl auf einem etwa 150 Schritt entfernten Köpferl und hat uns gleich weg, steht im Stich und äugt mit schiefen Haupt unentwegt zu uns her. Nach langer Weile zieht es ab.

Als ich noch einmal hinschaue, steht es wieder da. Doch nein, das ist ein anderes Stück. P. hat es bereits im Spektiv und ich gleich im Glas. Dann meint er: „Der passet." Tatsächlich, es ist ein ganz braver, etwas enggestellter Bock, der ebenfalls im Stich herunteräugt. Langsam habe ich den Mannlicher (7×64), die Auflage ist einwandfrei, entsichere, steche und dann knallt's! Im Schuß ist der Bock verschwunden. „Waidmannsheil" sagt P.

und lacht. „Sie bleiben jetzt da sitzen, ich geh' den Bock holen."

13.30 Uhr! Er steigt hinauf, und nach einer Weile sehe ich ihn, den Bock, am Riemen im Geröll des Bachbettes ziehen. Da rufe ich ihm zu: „Ich komme hinunter" und eile den Steig zurück. Unten liegt ein recht braver Bock mit gut gehackelten Krucken, und die Freude ist grenzenlos.

So ist das auf der Jagd, achtmal umsonst, dann Waidmannsheil, auf Anhieb und in anderthalb Stunden.

Mit strahlendem Gesicht überreicht mir P. den Latschenbruch. Jetzt wird fotografiert, dann aufgebrochen, der Bock im Rucksack verschränkt und der Heimweg angetreten. In tiefer Dankbarkeit gedenke ich meines verblichenen Freundes.

Um 18.00 Uhr bin ich wieder in Linz.

Ich hatte wieder im schon bewährten Jagdhof Breitenthal in St. Georgen am Reith einen Abschuß gebucht, und zwar den einer Gams der Klasse I, egal ob Bock oder Gais. Am 25. 9. waren wir, meine Frau und ich, eingetroffen, am 26. früh startete ich bei starkem Nebel mit Martin die erste Pirsch in das mir von der vorjährigen Hirschbrunft schon vertraute Revier Heitzmann. Hoch hinauf trug uns der Toyota und hielt vor einer Kurve, hinter der sich ein großer Schlag befand samt einer Kanzel, wo angeblich ein guter Bock ziehen sollte. Beim Beziehen der Kanzel sah ich gerade noch im steigenden Nebel die gelbe Decke einer Gams, dann war der Vorhang dicht. Vorhang auf, ein geringer Rehbock äst im Schlag, die Gamsgais ist inzwischen verschwunden, dafür zeigt sich eine schon völlig verfärbte Rehgais. Vorhang zu. Unter uns im Hochwald röhren drei Hirsche, einer röhrt noch um halb neun, als wir unseren Ansitz aufgeben. Wir machen noch eine kurze Pirsch, wobei uns an einer Stelle ganz frischer Brunftgeruch in die Nase schlägt.

Am Nachmittag fahren wir durch ein anderes Revier und suchen die Schläge ab, aber erst in der Dämmerung sieht Martin weit entfernt Scharwild, das ich nicht mehr ausnehmen kann. Bei einem Halt entdeckt der Jäger im dunklen Hochwald einen Zwölferhirsch, der sich verdrückt.

Heimgekehrt, stelle ich zur Diskussion, warum ich nicht aufs Hochkar fahren kann. Das wäre, so sagt man mir, sehr ungün-

stig, weil derzeit dort rege Bautätigkeit herrsche und daher die Beunruhigung groß sei, man werde sich aber noch informieren.

Kurz darauf heißt es dann, man sollte es riskieren, ich würde um 5.00 Uhr abgeholt werden.

Um die angegebene Zeit stehe ich im Hof, doch es kommt kein Auto. 17.15 Uhr: kein Auto, ich rauche eine Zigarette nach der anderen, endlich um 17.30 Uhr kommt der Heinrich, der sich sehr entschuldigt, und wir brausen los. Wir haben 30 km zu fahren. Heinrich ist ein älterer stattlicher Mann, mit dem ich mich sehr rasch gut verstehe. Später lerne ich, daß er eigentlich der Eigentümer des Revieres ist, das er dem Jagdhof verpachtet hat.

Das Hochkar (1 800 m) bildet mit seinem Kamm die Grenze zwischen Niederösterreich und Steiermark, es besteht aus vielen kleineren Karen voller Latschen und wäre ein herrliches Gamsrevier, wenn, ja wenn es nicht in der brutalsten Weise verbaut wäre. Hotels, Postturm, unzählige Sessellifte usw. haben das Landschaftsbild nahezu völlig zerstört. Zu einem 1 770 m hoch gelegenen Gasthof führt eine asphaltierte, mit dem Auto befahrbare Straße. Es ist schauerlich! Auch wir fahren bis dort hinauf und entdecken gleich hinter dem Haus vier Gams. Die Nebelschicht lag in mittlerer Höh', oben war klare Sicht, aber es blies ein kühler Wind. Zeitig früh, wie wir dran waren, war noch keinerlei Betrieb. Wir sahen noch einige Gams, aber es war nur geringes Scharwild. Wir fuhren also wieder weiter hinunter und suchten die dort befindlichen Blößen und Latschenfelder ab. Auf einer weit entfernten Wiese zwischen Latschen erscheinen plötzlich zwei Gams, die sich mittels Spektiv als mittlere Böcke ansprechen ließen. Während wir sie noch beobachteten, kam über den Kamm ein Rudel von acht Gams herein.

„Jetzt gemma auf den Hochstand."

Am unteren Ende besagter Wiese stand in einer Gruppe uralter, bis zum Boden beasteter Fichten eine turmhohe Kanzel. Heinrich erkundigte sich vorsichtig, ob ich wohl auf den Hochstand klettere, was ich schmunzelnd bejahte. Nun machten wir uns auf den Weg. Zunächst durch einen flachen Graben, der mit seinen Latschen genügend Deckung bot, um nicht gesehen zu

werden. Im unteren Drittel der Wiese gab es noch eine kleine mit Fichten bestandene Felsinsel, hinter der sich das Rudel befand. Als wir uns weiter vorschoben, entdeckten wir jedoch am Rande dieser Baumgruppe einen niedergetanen Gams, worauf wir uns sofort zurückzogen und weiter nach links ausholten, wo wir wieder in Deckung kamen und nun gedeckt zur Kanzel gelangen konnten. Diese war äußerst geschickt in den Baum hineingebaut, mit aufklappbarem Glasfenster, nur der Einstieg war mühsam, da es von der letzten Sprosse weg keinen festen Griff gab. Schließlich waren wir unbemerkt oben. Das Rudel hatte sich inzwischen nach links gegen das flankierende Latschenfeld verschoben, wo wir es nun genau ansprechen konnten. Sogleich fiel uns eine Gais mit hohen Krucken auf, die anscheinend kein Kitz führte. Wir beobachteten sie lange, wobei sie sich vom Rudel absonderte und immer mehr der Baumgruppe in der Mitte der Almwiese näherte, wodurch Gefahr bestand, daß sie dahinter verschwinden würde. Plötzlich drehte sie aber um und stand mit dem Haupt nach links völlig frei und breit.

„Die paßt!". Mit bester Auflage löse ich den Schuß, und die Gais fällt im Feuer. Einen Moment hat sie noch das Haupt hoch, dann ist es vorbei. 150 Meter entfernt war sie gestanden. Heinrich steigt hinunter, um sie zu holen, während ich das Rudel beobachte, das der Schuß kaum gestört hat und erst bei Annäherung des Jägers nach oben wegtrollt. Um 19.30 Uhr fiel mein Schuß (NZ).

Die Gais ist elf Jahre alt, hat sichtlich heuer kein Kitz geführt. Bei einer Kruckenhöhe von 15,5 cm und einer Auslage von 13 cm erreicht sie 92 CIC-Punkte.

Meine Freude ist unbeschreiblich; was die Freude noch erhöht, ist die Tatsache, daß der Platz, an dem sich alles abgespielt hat, so gelegen war, daß man keine der scheußlichen Aufbauten bemerken mußte. Inzwischen stieg der Nebel, nicht lange, dann würde er den Schauplatz unseres jagdlichen Tuns verhüllen.

Ich war zur Gamsjagd ins Habachtal gekommen. Die Hütte stand in dem schmalen Tal am Straßenrand gegen den Hang. Von da aus mußte man eine gute Stunde gegen den Talschluß unter dem Habachgletscher marschieren, ehe man mit dem stei-

len Aufstieg auf die Böden beginnen konnte. Auf diesem Anmarsch kam man immer an einer Gruppe von Felsblöcken vorbei, auf denen ein starker Murmelbär lag und sich sonnte.

Die Entfernung vom Steig zu seinem Bau war groß genug, daß die Vorbeigehenden ihn nicht veranlaßten, wieder in den Bau einzufahren.

Das sollte ihm zum Verhängnis werden, aber zunächst sollte und wollte ich den mir zugedachten Gams schießen. Über seine Erlegung im Rahmen einer dreizehnstündigen Pirsch — es war eine uralte Gais mit Kruckenstummeln — habe ich in meinem Buch „Diana war mir nicht immer hold“ berichtet.

Nun, da der Gams vor der Hütte hing, konnte man daran denken, sich dem Mankei zu widmen. Man konnte sich Zeit lassen, es war ja nur eine Wegstunde bis zu diesen Felsblöcken. Die Sonne schien an diesem Septembertag von keiner Wolke getrübt, der Bär würde sicher wieder auf seiner Felsplatte liegen und sich die Sonne auf den Balg scheinen lassen.

So machten wir uns am Vormittag auf und zogen gemächlich wieder ins Tal hinein.

Bevor wir, der Rudi und ich, nahe heran waren, verlangsamten wir unsere Schritte und begannen, uns lautlos zu nähern. Andere Felsblöcke behinderten noch unsere Sicht, aber als wir zwei Schritt vorsichtig weiter machen, haben wir das gewohnte Bild vor uns. Der Bär liegt beschaulich und nichtsahnend auf seiner Felsplatte.

Jetzt braucht es aber noch eine Auflage oder Anlehnung, denn es sind doch gute 80 Schritt da hinauf. Ein Felsblock vor uns hat einen Absatz, der müßte genügen. Vorsichtig bringe ich meinen Mannlicher in Stellung. Fest steht der Schnittpunkt des Fadenkreuzes des sechsfachen Fernrohres im Kopf des Bären.

Er hat den Schuß nicht mehr gehört, die Kugel hat ihn auf den Platz gebannt, was sehr wichtig ist, denn wenn ein auch schwer getroffenes Murmeltier noch in den Bau flüchten kann, ist es meist verloren.

So aber steigen wir hinauf, heben den starken Bären auf und versehen ihn mit dem letzten Bissen.

Es wär' zu schön gewesen

Es ist schon über 20 Jahre her, aber wenn ich daran denke, packt mich noch immer der Grimm.

Durch Vermittlung eines Freundes hatte ich im niederösterreichischen Alpenvorland ein großes Revier unter günstigen Bedingungen pachten könen. Der Abschußplan beinhaltete vier jagdbare Hirsche, vier Gams, acht Rehböcke, vier Muffelwidder und einen großen Hahn.

Außer einer Behausung neben dem Försterhaus gab es am Ende des Reviers noch eine kleine heimliche Jagdhütte.

Schwere Windbrüche hatten den Eigentümer veranlaßt, seine Jagd zu verpachten, um finanziell einen Ausgleich zu schaffen. Das Personal bestand aus einem älteren griesgrämigen Förster, zu dessen Unterstützung ab 1. August ein junger Revierjäger eintreten sollte.

Eine Besichtigungsfahrt ließ die vorzügliche Reviereinrichtung und den Reiz Reviers erkennen.

Der eine Balzplatz, Grasfleck geheißen, bestand aus einer Gruppe überaus hoher Fichtenüberstände inmitten einer mannshohen Fichtenschonung.

Am 1. Mai sprang ich mit dem Förster dort einen großen Hahn an, der hoch oben in einer dieser Fichten balzte. Auf den Schuß fiel er wie ein Stein in die nebenstehende Fichtenschonung, aus der er vom Förster herausgeholt wurde. Der Anfang war vielversprechend gemacht. Der Förster war mir nicht sehr sympathisch, aber wie gesagt, sollte ich ja ab 1. August mit dem neuen Revierjäger jagen.

Die Unterkunft im Nebengebäude sollte bis zum 1. August verbessert werden. Für meine Verpflegung sollte die Förstersfrau sorgen, die Mahlzeiten waren im Försterhaus einzunehmen.

Im Juni war ich nicht abkömmlich, mein Sohn benützte die Jagdhütte.

Als ich am 31. Juli abends in U. eintraf, war nichts fertig, was mich zur unmutigen Bemerkung veranlaßte, man hätte doch telefonieren können, ich wäre dann eben zwei Tage später gekommen.

Als ich nach einem Mittagsschläfchen wieder ins Forsthaus kam, im Begriffe, mich auf die Pirsch zu begeben, wurde mir mitgeteilt, daß für 16 Uhr ein Anruf angemeldet sei. Nun erwartete ich überhaupt keinen Anruf und bemängelte unwirsch, daß man nicht Namen oder wenigstens Telefonnummer abgefragt habe. Ich mußte also warten, wobei sich dann noch herausstellte, daß der Anruf überhaupt überflüssig war, dann begab ich mich verärgert mit dem neuen Jäger auf die Pirsch.

Alles Fiepen war erfolglos, wir hatten keinen Anblick.

Als ich zum Abendbrot ins Försterhaus ging und dort in der Stube Platz nahm, rührte sich lange nichts. Endlich erschien die Förstersfrau in der Tür und sagte: „Sie haben uns heute schwer beleidigt, wir sind daher nicht in der Lage, Sie zu verpflegen". Das war eine Kriegserklärung, denn in meiner Unterkunft konnte ich mich nicht selbst verpflegen und war daher auf die Försterleute angewiesen.

Ich fuhr auf das hin sofort zu dem am Eingang des Reviers wohnhaften Eigentümer und berichtete ihm den Vorfall. Dieser befahl den Förster zu sich, der, obwohl die Entfernung kurz war, sich reichlich Zeit ließ zu kommen. Dann gab es eine heftige Auseinandersetzung, in der der Förster schließlich sagte: „Herr . . ., entweder geht der Herr von Wunschheim oder ich."

Die Situation sofort durchschauend, sagte ich: „Ich gehe." Sichtlich konnte der Eigentümer nicht, wie es richtig gewesen wäre, sagen, „gut, dann gehen Sie"; er war anscheinend gegenüber dem Untergebenen nicht frei in seinen Entschlüssen.

Ich wurde auch noch auf einen Rehbock eingeladen, doch auch an diesem ganzen Tag hatte ich kein Waidmannsheil. Auch den Auerhahn brauchte ich nicht zu bezahlen. Wir schieden in bestem Einvernehmen, ich allerdings sehr nachdenklich über die schwache Stellung des Jagdherrn und mit dem Gefühl, daß es der Förster darauf angelegt hatte, mich als unbequemen Jagdgast loszuwerden.

Eine lange Kolonne geländegängiger Fahrzeuge schraubt sich viele Kilometer in die Höhe der Seetaler Alpen, dorthin, wo die Lavant entspringt. Am Sammelplatz sind es schließlich 50 Schützen. Das Wetter würde eigentlich passen, Sonnenschein, blauer Himmel, windstill, geringe Kälte, alles wäre ideal, aber etwas stört: Der wenige Schnee ist Harsch, die Straßen sind vereist, so daß ein lautloses Anstellen der Schützen unmöglich ist. Das ist bei einem Hochwildriegler, denn um einen solchen handelt es sich bei diesem Unternehmen, ein gewichtiger Nachteil.

Der Sammelplatz liegt in etwa 1 200 m Seehöhe und blickt auf einen enormen, mit uralten Fichtenbeständen erfüllten Talkessel.

Hell klingt das Begrüßungssignal der Hörner, es folgt die Begrüßung der Jagdgäste aus aller Herren Länder durch den Jagdherrn, einige einflußreiche Bundesdeutsche, zwei Amerikaner, der Rest sind Grazer und andere Steirer, Kärntner und ich als einziger Oberösterreicher.

Geschossen werden IIIer Hirsche, Kahlwild und Kälber, Rehgaisen und Kitze.

Dann teilen sich die Gruppen, um den Trieb zu umstellen. Es ist zehn Uhr; um elf Uhr soll der Hebschuß fallen, der Trieb wird $1^1/_2$ Stunden dauern. Meine Gruppe zieht abwärts, ich werde schließlich an einem Platz abgestellt, der mir gar nicht behagt. Im Rücken die Straße, die oberhalb des Triebes liegt, in den man hineinschauen kann, die Front zum Hang, dessen tiefbeastete uralte Fichten kaum Einblick gestatten, daß man anwechselndes Wild vorzeitig ansprechen könnte, auf das mein Hauptaugenmerk zu richten ist, in meinen Augen eine ziemlich aussichtslose Position. Der Platz ist angewiesen, Punkt.

Das prachtvolle, etwa 2 000 ha große Revier reicht hinauf bis über die Waldgrenze, gehört dem Stift Admont und ist seit Jahren an einen deutschen Industriellen verpachtet, der jedes Jahr gewissermaßen traditionell am 8. Dezember diesen Hochwildriegler abhält. Seit 1983 habe ich das Vergnügen, an ihm teilzunehmen. Im ersten Jahr schoß ich ein Kalb, die folgenden Jahre nie etwas, und ich hatte auch keinen Anblick, aber immer wieder fährt man voller Erwartungen hin. 1985 kamen wir alle umsonst

zusammen, da wegen der hohen Schneelage — der Schnee war erst in der Nacht gefallen — nicht gejagt wurde. Die Strecken aber waren immer spärlich. Immerhin ist es jedesmal spannend, es könnt' doch etwas kommen. Unter uns hört man die junge Lavant murmeln, sonst ist es totenstill. Man würde bei dem lauten Schnee vorzeitig Wild anwechseln hören. Wir sind seit 10.30 Uhr am Stand, d. h. zwei Stunden stehen und passen. Prompt um 11.00 Uhr fällt der Hebschuß, zwanzig Minuten später der erste Schuß, fünfzehn Minuten darauf der zweite, fünfundzwanzig Minuten später ein Doppelschuß. Insgesamt fallen elf Schüsse, aber alle Schüsse klingen weit.

Jetzt hört man schon das Klopfen der Treiber, und unten im Graben werden Beine sichtbar. Außer einem Eichkätzchen kein Anblick, auch alle anderen Schützen unserer Gruppe auf meiner Seite bleiben ohne Anblick.

Die Zeit ist um, und wir, D. und ich, gehen zum neuen Sammelplatz, wo über einem mächtig lodernden Feuer ein Kessel mit Tee hängt, der mit Schnaps veredelt wird, wozu belegte Semmeln und Kletzenbrot gereicht werden. Langsam trudeln die Schützen ein.

Was liegt? Eine Rehgeiß! Alles andere waren Fehlschüsse. Ein neunköpfiges Rudel war unerwartet unbeschossen ganz woanders ausgebrochen, unter anderem waren zwei Füchse gefehlt, die ungünstige Schneelage, das laute Eis, hatten das Ihrige getan. Nichts desto trotz ist die Stimmung ungetrübt. Nach geraumer Pause beginnt die neue Aufstellung. Waren wir zuerst im Schatten gestanden und die Sonne blickte nur zaghaft durch die Wipfel, so bezogen wir jetzt eine Kanzel am Rande eines noch verschneiten, sonnenbeschienenen Schlages mit guter Übersicht und schönem Ausblick und genießen die Möglichkeit bequemen Sitzens, aber in diesem Trieb fällt kein Schuß. Begnadete haben aber Anblick, einem der bundesdeutschen Gäste kommt ein Vierzehnender völlig vertraut. Um 15.30 Uhr ist auch dieser Trieb zu Ende.

Der kürzlich erfolgte Mord am deutschen Bankier Herrhausen hatte den Jagdherren veranlaßt, zwei prominente deutsche Gäste durch als Jäger verkleidete Gendarmen beschatten zu lassen. So weit sind wir schon!

Um 17.00 Uhr wird im Obstgarten des Hirschenwirtes in R. bei Fackelschein feierlich Strecke gelegt, gesegnet und verblasen, mit Dankesworten des Bezirksjägermeisters.

Um 19.00 Uhr beginnt der obligate Festschmaus mit Bläserbegleitung, Leberknödelsuppe, Selchfleisch und Blutwurst mit Sauerkraut und Kartoffelschmarrn, Palatschinken; Bier und Wein fließen in Strömen, muntere Reden werden gehalten. Wenn 50 Männer — die vier teilnehmenden Damen gehen unter — sich bei Bläsermusik unterhalten, kann man sich vorstellen, was da für ein Krach entsteht! Erst zu später Stunde endet dieser trotz schmaler Strecke schöne Jagdtag.

Der Lungau ist ein Landstrich, der es mir schon immer angetan hat, was auch zur Folge hatte, daß ich dorthin mehrfach zur Jagd gefahren bin.

Die älteste Erinnerung verbindet sich mit einem verschossenen Spielhahn, der auf der Schneedecke einen Haufen verschiedenster Federn und im Abreiten über die Grenze eine Perlenkette roter Schweißtropfen hinterließ. Da kein Schweißhund verfügbar war, ging er verloren.

Das nächste Mal versuchte ich mich auf Rehbock und Gams auf einer Alm ob Ramingstein. Der Bock war ebenso stark wie heimlich. Er hatte seinen Einstand in einem Stück Hochwald, das sich nach oben zur Baumgrenze öffnete.

Studenlang verhockte ich in bester Deckung hinter einem Wurzelstock, zweimal bekam ich ihn in Anblick, beide Male war mir der sehr weite Schuß zu riskant. Er stand bei der Gais — es war Brunft — und alles Blatten war vergeblich. Einmal drang ich vorsichtig von unten her in seinen Einstand ein, aber er sprang nicht. Da gab ich es auf und widmete mich der Gams.

Zu diesem Behufe mußte man mit dem Jeep auf halsbrecherischen Wegen einen weiten Umweg durch fremdes Revier machen, bis man endlich heran war. Da es oben auf der Alm keine Deckung gab, mußte man vor Büchsenlicht an Ort und Stelle sein. Dann lag man am Bauch und versuchte mit wachsendem

Büchsenlicht Gams zu finden und anzusprechen. Die Gamsen, die sich darboten, waren alle keine Kugel wert.

Da ich mir die halsbrecherische Rückfahrt ersparen wollte, entschloß ich mich, mit D. den weiten Fußmarsch über den Almboden längs der flankierenden Abhänge auf mich zu nehmen. Es war ein prachtvoller wolkenloser Augustmorgen mit wundervollem Weitblick, und so stapften wir gutgelaunt in Richtung Unterkunft. Drei Stunden hatten wir wohl zu gehen, aber wir hatten es nicht eilig. Wir bemerkten nicht, daß hinter uns ein Wetter aufzog, und auf einmal war es über uns. Nun ist ein Gewitter auf der Alm durchaus bedrohlich, und wir erreichten laufend gerade noch einen Unterstand, bevor das Wetter voll lostobte, wir waren bis auf die Haut naß, aber in Sicherheit.

Bei diesem Marsch über die Alm entdeckten wir in einer Rinne drei Gamsböcke, der älteste was bestenfalls fünf Jahre alt.

Auch diese Jagdfahrt endete ohne Bruch.

Es vergingen einige Jahre, bis ich mich entschloß, nach Zederhaus zu fahren. Zweite Oktoberwoche, die Hirschbrunft war gerade im Ausklingen. Die zur Hafnergruppe gehörigen Zweitausender, fast durchwegs von Lärchen bestanden, brannten in hellem Gold, der ganze Berg flammte im strahlenden Sonnenschein in Gold und Braun, darüber ein südlich blauer Himmel. Es war eine Pracht, und man konnte sich nicht satt sehen, aber für die Gamsjagd war dieses zauberhafte Wetter nicht optimal.

Zunächst versuchten wir es verhältnismäßig tief herunten, an einem Platz, an dem in der letzten Zeit immer wieder Gams beobachtet wurden. Kam ich hin, glänzten sie durch Abwesenheit.

Also wurde beschlossen, hinauf über die Waldgrenze. Wieder ging es in halsbrecherischer Fahrt auf schmalsten Wegen, wie damals auf der Rahneralm, nach oben.

Dieses Pirschen im deckungslosen Gelände ist des Teufels, denn die Annäherung an die weitäugenden Gams ist mehr als problematisch. So kamen wir auch nur in Sichtweite. Wir saßen auf einem Köpfl und spekulierten. Unter uns fielen die Graslah-

ner steil ab und stiegen auf der drüberen Seite wieder ebenso steil auf.

Als wir so die Gegend absuchen, fällt uns drüben in den Latschen ein heller Fleck auf, der nicht in die Gegend paßt. Gams! Das Spektiv zeigt einen weißlich-grau schimmerden Bock mit kapitalen Krucken, aber der ist viel zu weit, und bei Tag ist überhaupt nicht an ihn heranzukommen. Man kann ihn also nur aus der Ferne bewundern.

Mir wird vom Führer klargemacht, daß mir dieser Bock nicht bestimmt ist, denn man müßte in der Nacht im steiglosen Gelände hunderte Meter zunächst hinunter und dann noch eine gute Ecke hinauf, bevor man ans Schießen denken könne.

Abends versuchen wir es wieder am ersten Platz. Vergeblich, kein Haar!

Am nächsten Morgen bringt mich der Wagen zu einem besonders netten alten Bauern, der eine große, auf Touristen ausgelegte Alm betreibt, von wo wir mit einem VW noch viele Kilometer immer höher hinauffahren, bis wir endlich in fast ebenem Gelände aussteigen. Jetzt beginnt ein mühsames Stapfen über den vom vielen Vieh zerpflügten Almboden. Einmal entdecken wir sehr weit Scharwild. Es hat aber, wie ich bald bemerke, immer wieder kleine Gräben, Rinnen und Mulden, in denen Gams stecken können, wie ich es auch an einer Rehgais mit zwei starken Kitzen beobachten kann.

Wieder ist strahlendes Wetter, der Blick schweift weit bis zum Mosermandl. Trotz stundenlanger Stapferei bleibt der Erfolg versagt. Ich bin froh, als wir endlich wieder beim Auto sind. Unten bewirtet mich mein Führer mit Schnaps und köstlichem Speck.

Am späten Nachmittag versuche ich mit einem anderen Jäger einen Gamsbock zu ersitzen, aber unserem stundenlangen Warten bleibt der Erfolg versagt. Noch einmal gilt mein Bemühen dem Gams von der ersten Pirsch. Wieder nichts! Nun gebe ich auf!

In der Zwischenzeit waren drei deutsche Gäste eingetroffen. Mit einem von ihnen wurde die Pirsch auf den kapitalen Gams unternommen, der auch erlegt wurde. Es war der kapitalste Gams, den ich seit langem sah. Ironie des Schicksals: Der Erle-

ger hatte noch nie einen Gams geschossen und war sich über sein Waidmannsheil überhaupt nicht im klaren.

„Ohne Wahl verteilt die Gaben, ohne Billigkeit das Glück . . .“

Doch die Pracht der Landschaft bleibt unvergessen.

Auf Damschaufler in Holstein

Das erste Mal — es war im September 1976 — schoß ich in Holstein einen zurückgesetzten 14jährigen Schaufler, gewissermaßen en passant. Ich habe darüber in meinem Buch „Diana war mir nicht immer hold“ berichtet. Es war in einem 500 ha großen Gatter mit prachtvollen Buchenbeständen, großen Wiesen und undurchdringlichen Fichtendickungen, beliebter Einstand der Sauen. War man mitten im Revier, so vergaß man, daß man in einem Gatter jagte. Das Gatter gehörte zu einem großen landwirtlichen Besitz, der an dem Plöner See grenzt.

Im November 1988 führte uns wieder eine Einladung nach Ostholstein, da die Hausfrau das Firmkind meiner Gattin ist. Zu meinem Kummer war die Brunft schon vorbei!

Wir waren zu Mittag angekommen, und gleich nach dem Essen wurde gestartet. Bei der ersten Pirsch begeisterte mich gleich der Anblick eines starken weißen Schauflers. Wir hatten eben vorsichtig einen Hochsitz bestiegen, der eine riesige Wiese mitten im Bestand beherrschte, als mir eine Bewegung rechts im Bestand auffiel. Ich sah einen weißen Fleck, und kurz darauf löste sich der Schaufler aus dem raumen Holz und trollte in die Wiese. War das ein Anblick! Er war stark abgebrunftet, röhrte aber nicht mehr, war aber sichtlich noch brunftig. Mitten auf der Wiese tat er sich nieder. In dieser Wiese, die von kleineren Fichtengruppen gewissermaßen unterteilt war, stand ein ganzes Rudel Hirsche verschiedener Stärke, das wir nun einer genaueren Betrachtung unterzogen. Nach eingehender Beobachtung erwies sich ein passender Hirsch, den mir mein sachkundiger Begleiter freigab. Als er einmal breitstand, so etwa auf 150 Schritt, überschoß ich ihn trotz guter Auflage. Das Rudel ging flüchtig ab. Das war kein guter Anfang. Wir baumten also ab, gingen zum vermutlichen Anschuß, konnten aber keinerlei Geschoßeinschlag finden. Wir fuhren dann durchs Revier auf der Suche

nach einem anderen jagdbaren. Wir hatten viel Anblick, aber es war nichts Passendes darunter. Recht betrübt kehrte ich heim, zumal die Einladung auf drei Tage befristet war.

Die jagdliche Einrichtung des Reviers ist hervorragend, überall, wo günstige Beobachtungsmöglichkeiten bestehen, sind mächtige Kanzeln oder Bodensitze errichtet. Man kann in diesen Buchenbeständen kaum pirschen, es sei denn, es hätte kräftig geregnet, weil das inzwischen reichlich gefallene Laub eine geräuschlose Annäherung unmöglich macht.

Am nächsten Morgen fuhren wir wieder los. Gleich beim Eingang zum Gatter steht auf einer Blöße neber der Straße eine mächtige Kanzel. Kaum saßen wir oben, weit entfernt von der gestern bezogenen, wechselte wieder der Weiße vorbei. Immer wieder faszinierend! Der Hochjagdbare wird aber geschont, weil man seine Fortpflanzungsergebnisse weiter beobachten will, wobei ich mir, sonst nicht abergläubig, nicht im klaren war, ob ich geschossen hätte, wenn ich hätte dürfen. Nach einer Weile zogen drei Zukunftshirsche über die Straße — ein spannender Anblick!

Nach einer Weile gaben wir auf, da sich nichts mehr zeigte, fuhren eine Weile durchs Revier, wobei mir mein Begleiter einen Brunftplatz zeigte, der in allen vier Windrichtungen von Anbzw. Hochsitzen umgeben war, die jeweils nach günstigem Wind besetzt werden konnten.

Schließlich landeten wir, nachdem wir zuvor unser Fahrzeug abgestellt hatten, mit besonderer Vorsicht auf der Kanzel des Kreuzkoppelschlages. Gebückt bezogen wir unsere Sitze, denn vor uns auf etwa 150 m traten sieben stärkere Schaufler heraus. Ein bezauberndes Bild! Immer wieder schoben sich die Hirsche durcheinander, einer war besser als der andere. Endlich stand einer frei und diesmal mit sicherer Auflage lag er im Feuer. Ein großes Aufatmen! Die übrigen Hirsche prasselten davon. Während ich zu meinem Schaufler hinunterstieg, holte M. das Fahrzeug.

Es war ein sauberer Blattschuß; mächtige Schaufeln, die später ausgepunktet 168 CIC-Punkte (Bronzemedaille) ergaben. Mir sind im Prinzip die Punkte egal, für mich zählt das Erlebnis, das auch bei schwächeren Stücken das Primäre ist, aber für die jagdliche Statistik sind die Punkte wichtig.

Der Schuß fiel um 10.30 a. m., das Damwild ist tagaktiv, so daß man eigentlich den ganzen Tag jagen kann.

Hochbeglückt kehrte ich heim. Mein allererster Schaufler fiel auf Seeland in Dänemark, er ist der schwächste, der von 1976 gehört in die Bronzemedaillenklasse.

Einmal aber wollte ich einen Schaufler in der Brunft erlegen, so fuhren wir am 13. Oktober nach Hamburg-Altona, wo uns der Jagdherr abholte. Bei starkem Verkehr, es ist Freitagabend, und regennasser Straße brausen wir in Richtung Kiel, biegen bei Neumünster nach Osten Richtung Plön, und nach fünfviertelstündiger Fahrt leuchtet im Scheinwerferlicht der weiße Zaun des Herrenhauses auf. Wir sind am Ziel.

Das reetgedeckte Haus, 1818 erbaut, strahlt wie immer die gewohnte Wärme aus, und so ist auch der Empfang. Da wir spät abends angekommen sind, entfällt auch die Früh- bzw. Vormittagspirsch; erst um 16.00 Uhr wird mein Führer, Herr M., vorfahren. Nachdem ich das dritte Mal hier jagen darf, ist mir dieses prachtvolle Revier mit seiner vorbildlichen Reviereinrichtung schon näher bekannt.

Uralte Buchenbestände wechseln mit solchen aus Fichten, dazwischen Wiesen und Dickungen. Die Ahorne flammen bereits in Verfärbung, die Buchen beginnen zu verfärben, die über 100 Jahre alten Eichenüberstände, deren Stämme nur zwei bis drei Männer umspannen können, sind schon gelb. Der wilde Wein an den kleinen Personalhäusern ist bereits brennend rot. Über Nacht hat der Regen aufgehört und das Wetter hat sich gebessert, aber es sollte kälter sein. Die Brunft hat gerade erst — es ist nun der 14. Oktober — begonnen.

Wir fahren also ins Revier und besteigen dann, nachdem das Fahrzeug in gebührendem Abstand abgestellt ist, einen Hochstand, der an einem bekannten Brunftplatz steht. Die Brunftplätze des Damwildes liegen fast immer im raumen Holz. Schon beim Besteigen des Hochstandes röhrt in der Dickung linkerhand unter uns ganz nahe heftig ein Hirsch, der sich aber nie zeigt. Dafür erregt der bekannte, starke weiße Schaufler unsere Spannung, der dauernd auf etwa 150 Schritt im Bestand stumm herumzieht. An ein Schießen ist nicht zu denken; zu eng stehen

die Bäume und lassen immer wieder nur Teile des Hirschkörpers erahnen. Abgesehen davon bin ich mir, wie schon erwähnt, gar nicht sicher, ob ich wirklich schießen will. Der Hirsch unter uns hat inzwischen zu röhren aufgehört. Ein schwarzer Spießer und ein Tier werden noch sichtbar, dann fällt die Dämmerung ein, und wir ziehen heimwärts im Lichte des silbernen Vollmondes, der jetzt traumhaft schön durch die Wipfel strahlt. Es war ein bescheidener Anfang, aber doch ein guter Anblick.

Am nächsten Tag ziehen wir erst um 10.30 Uhr los. M. berichtet, daß in der Früh — es war kalt — mehrere Hirsche gut geröhrt hätten, aber ich hatte keine Lust gespürt, zeitig aufzustehen, da ja das Damwild im Gegensatz zum Rotwild den ganzen Tag auf den Läufen ist. Wir fahren in die Nähe eines Standes, der auf einem Platz unter großen Buchen Aussicht bietet. Schon bei der Annäherung geht M. in geduckte Stellung, und so schliefen wir hinter die Brüstung. Vor uns äsen in etwa 100 m Entfernung drei Tiere mit ihren Kälbern, im Spiel der wechselnden Sonne, die in den Wald hell hereinleuchtet, wirken sie mal hell, mal dunkel. Sie sind dauernd in Bewegung auf einer minimalen Fläche. Kaum sitzen wir, erscheint ein guter, aber noch zu junger Schaufler auf der Bühne, defiliert vor uns vorbei, ohne sich durch Mahnen aufhalten zu lassen, und verschwindet überriegelt. Eine Weile beobachten wir das Kahlwild, das plötzlich hochflüchtig abgeht. Um die Wegbiegung kommt plötzlich ein grünes Fahrzeug daher, dessen verdutzter Fahrer nun bei uns anhält. Aus dem Palaver zwischen ihm und M. ergibt sich, daß er auf der Suche nach gekauftem Holz ist. Wir verlassen nun diesen Platz und übersiedeln auf einen Hochstand auf der sogenannten Sandlitzkoppel auf einem mit uralten Fichten lückrig bestandenen Schlag, zwischen denen aber junge Fichten aufkommen, und der an eine dichte Fichtendickung grenzt. Es ist jetzt 11.30 Uhr, die Sonne leuchtet in den Schlag, blauer Himmel lacht durch die Wipfel, es ist windstill. Nun sitzen wir wieder und harren der Dinge, die da kommen sollen. Zunächst wechselt ein Tier, dann wechselt ein schwarzer Schaufler ein, der noch zwei Jahre älter werden soll, er zieht ebenfalls in die Dickung. Pause. Schließlich kommt von vorn ein Hirsch angewechselt, der unsere höchste

Aufmerksamkeit erregt. Es ist ein älterer Schaufler mit gut ausgebildeten Schaufeln. Er kommt am Rande der Dickung und scheint dort zu verschwinden, überlegt es sich aber, tritt unter den Randfichten herum und stellt sich dann brettelbreit vor den dunklen Hintergrund. Wir sind längst entschlossen, ihn zu nehmen. Im Knall ruckt der Hirsch zusammen, schlägt zurück und flüchtet schwerfällig ein paar Gänge ins Freie und bleibt schwer geschossen an einen Baum gelehnt stehen, ist aber jetzt durch eine große Fichte so verdeckt, daß man einerseits nur das Haupt und andererseits nur die Hinterläufe sehen kann. Während ich noch unschlüssig den wieder geladenen Repetierer in Händen halte, reißt ihn mir M., der rechts von mir steht und den Hirsch besser sehen kann, aus den Händen und bringt einen Fangschuß an, den der Schaufler mit zwei Fluchten quittiert, um dann zusammenzubrechen. M. entschuldigt sich sofort, aber im Hinblick auf die Härte des Damwildes, das mit tödlichen Schüssen unter Umständen noch weite Strecken durchsteht, war die Maßnahme völlig angebracht. Ich habe sie auch nur mit der Bemerkung „das hätte ich auch getan“ anerkannt, umsomehr als vor zwei Tagen tatsächlich ein Hirsch verlorenging. Nun, das hätte geklappt! Wie baumen ab und gehen zum Anschuß; auf einem winzigen Fichterl finden wir den ersten Schweiß — Leber — dann führt die Schweißfährte zum Baum, an dem der Hirsch lehnte, dort ist alles voller Schweiß, nicht weit davon liegt der Schaufler verendet. Ich hatte zwei Finger hinters Blatt gehalten, der Einschuß lag aber dann vier Finger dahinter, daher der Leberschuß. Es besteht Grund zur Annahme, daß das besagte Fichterl die Kugel (7×64 Mannlicher-Schönauer) abgelenkt hat.

Die Freude ist groß. M. und ich versuchen den Schaufler auf den entfernten Weg zu zerren, er ist uns aber zu schwer. Daher entschließt sich M., ihn an Ort und Stelle aufzubrechen, was dort im allgemeinen vermieden wird. Die Leber ist total zerschossen. Schließlich sind wir beim Wagen angelangt, der Hirsch wird aufgeladen und stolz fahren wir heim, wo wir gerade rechtzeitig zum Mittagessen eintreffen.

Trotzdem fahren wir, diesmal auch meine Frau, nachmittags noch einmal hinaus, wieder dorthin, wo der weiße Schaufler zu-

hause ist. Das Wetter hat sich eingetrübt, es bläst und rauscht ein starker lästiger Wind. Wir beobachten, wie der Weiße seine Brunftkuhe schlägt, sich dann einlagert, nach einer Weile wieder hoch wird und unruhig herumzieht; der schwarze Spießer ist auch wieder da. Der Hirsch röhrt zwar und auch der unten links, aber der Wind verträgt alles. Mit einbrechender Dunkelheit schleichen wir uns im Vollmondlicht davon.

M. redet mir zu, doch noch einmal in aller Frühe hinauszufahren, also brechen wir um 6.30 Uhr auf und sind um 7.00 Uhr wieder auf der Kreuzkoppel, dem Standort des Weißen, der auch prompt da ist. Leider ist es nicht so kalt wie erhofft, wieder bläst der Wind, so daß ich nur fallweise das Röhren hören kann, obwohl angeblich der Hirsch dauernd röhrt. Einmal sehe ich ihn zwischen den Stämmen, wie er den Äser zum Röhren öffnet. Zwei schwarze Spießer und ein schwarzes Tier sind auch zur Stelle. Als dann ein schwarzer Schaufler erscheint, verläßt der Weiße die Bühne, obwohl er der stärkere wäre, er ist wirklich ein kapitaler Schaufler. Auch wir verlassen unseren Stand.

Das sehr ungünstige Wetter hatte die einsetzende Brunft maßgebend gestört. Wie sagt Ernst von Salomon in seinem Buch „Der Fragebogen“?

„Alles kommt im Leben verspätet oder um eine Nummer kleiner.“

Dennoch war es ein großes Erlebnis. Der Schaufler ist neun Jahre alt.

Der Nachtzug braust gegen Hamburg. Das Barometer steht so tief wie noch nie. Welches Wetter wird uns erwarten? Sturm und Regen? Abwarten.

Als ich, meine Frau schläft noch, am Morgen des 30. Oktober vor Lüneburg zum Fenster hinausschaue, liegt leichter Reif auf den Wiesen. Sicherlich hat es in der Nacht geregnet, es ist windstill! Es ist also günstiger als erwartet.

Wir werden in Altona abgeholt und sind nach fünfviertelstündiger Fahrt im vertrauten Nehmten. Hier jedoch fällt ein Tropfen in den Freudenbecher. Statt der erwarteten Hirschbrunft heißt es „Die Brunft ist aus.“ Der Orkan im März hatte drei Jahreseinschläge in den prachtvollen Buchenwald gefällt. Die Auf-

räumungsarbeiten waren jetzt noch nicht beendigt, er hatte angestammte Brunftplätze teilweise nachhaltig verwüstet, das Damwild hatte sich neue gesucht und verfrüht und verzettelt zu brunften angefangen. Nun schrie kein Hirsch mehr. Totenstille. Die Erwartung, in einen vollen Brunftbetreib zu kommen, wurde nicht erfüllt.

Nicht nur das! Ist die Brunft einmal zu Ende, werden auch die Damhirsche faul und ruhen in ihren Einständen, es ist also auch fraglich, ob man einem passenden begegnen würde. Nun steht das Hoffnungsbarometer tief.

Am 31. Oktober, es ist trüb, aber windstill, warte ich im Morgengrauen auf M., der pünktlich zur Stelle ist. Die Begrüßung ist herzlich, jage ich doch nun zum dritten Mal mit diesem erfahrenen, passionierten Führer.

Gleich beim Einfahren ins Revier überquert ein Zukunftsschaufler die Straße. Die sehr niedrig gespannten Hoffnungen flammen auf. Es ist erst gerade Büchsenlicht. Weiterfahrend kommen wir in ein von raumem Buchenwald erfülltes Tal, dessen linke Lehne steil ansteigt. Plötzlich überfällt von rechts ein starker Schaufler die Straße und zieht langsam bergauf und bummelt dann parallel zu uns im Hang.

M. hält hinter einem Holzstoß, der Deckung und Auflage bietet, an und sagt: „Steigen Sie aus, und schauen Sie sich den Hirsch an, er wäre richtig." Gesagt, getan! In guter Deckung, der Wind ist günstig, kann ich mir den Hirsch genau ansehen. Ich habe die Büchse gleich an den Kopf genommen, aber im Augenblick steht er nicht frei; ein riesiger Reisighaufen verdeckt ihn zur Hälfte. Ich setze ab und beobachte ihn weiter mit dem Glas. Jetzt steht er halbspitz von hinten, warten. Jetzt kommt er wieder hinter einem Baum hervor, man sieht eine Schaufel, und nimmt irgend etwas vom Boden auf, dann macht er zwei Schritte weiter und steht völlig breit. Längst habe ich ihn wieder im Fernrohr, habe gestochen, Schuß. Er macht einen Rucker, zwei weitere Schritte, dreht um, bricht zusammen und rouliert. Er ist jedoch noch nicht verendet, denn er hat das Haupt noch hoch in einer Weise, wie M. und ich es noch nie gesehen haben. Er hält den Träger völlig senkrecht und biegt das Haupt ganz nach hin-

ten. Ich hatte sofort repetiert und sende ihm nun den Fangschuß auf den Träger.

Sieben Uhr dreißig beziehungsweise sieben Uhr vierzig. M., der weiter weg angehalten und von dort beobachtet hatte, kommt gelaufen, und wir umarmen uns freudig.

So ein Dusel! Mit geringsten Hoffnungen aufgebrochen, nach einer halben Stunde dieses Waidmannsheil. Nun stiegen wir den Hang hinauf, 130 Schritte, und betrachten den Hirsch eingehend. Der Schuß ist ein Leberschuß ohne Ausschuß. Der Hirsch ist sehr alt, gut 12 Jahre, die Schaufeln haben nur mehr ganz kurze Enden, die Stangen sind stark. M. hält ihn in hohem Maß für medaillenverdächtig. Der linke Hinterlauf ist im Sprunggelenk frisch gebrochen, wann das passiert ist, ist uns unerklärlich. Vermutlich ist das beim Roulieren passiert.

Das Wetter ist recht freundlich geworden, die Sonne scheint wäßrig auf den in voller Verfärbung prangenden Wald. Dominierend leuchten die Buchen gold und braun, hellgelb die Eichen beziehungsweise rot die neueingebürgerten amerikanischen, was einen besonderen Farbeffekt erzeugt, dazwischen dunkelgrüne Fichtenkulturen, am Boden das alte braunrote Laub. Es ist eine Pracht!

Auf der Heimfahrt kommen wir noch mit einem Rudel von fünf Tieren zusammen, zu guter Letzt kreuzt noch einmal ein gut veranlagter dunkler Hirsch unseren Weg.

Bei einer zweiten Pirschfahrt sehen wir zwar viel Kahlwild und schwache Hirsche, aber keinen einzigen jagdbaren Hirschen.

Zu Mittag trübt sich das Wetter ein, und es beginnt zu regnen, aber ich habe meinen Hirsch, und der hat mit 181,75 CIC-Punkten eine Goldmedaille!

Ein schwarzes Jahr

Lange Jahre durfte ich in den Hängen der Rax, rund um die Prein, auf Bock, Hirsch und Gams jagen. Im selben Jahr ereigneten sich drei tragische Vorfälle, von denen ich berichten will.

Die Straße, die zum Preiner Gscheid hinaufführt, hat viele große Kurven. Die erste umrahmt gewissermaßen ein Waldstück, in dessen Mitte sich eine heimliche Wiese befindet. Es war der Einstand eines braven Rehbocks. Anfang Juni pirschte ich dort mit dem jungen, sehr ambitionierten, aber noch nicht allzu erfahrenen Jäger N.

Als wir mitten auf der Wiese standen, frei und ungedeckt, wechselt plötzlich der Gesuchte aus dem Wald heraus in die Wiese und erhält stehend freihändig den Schuß auf den Stich, den er mit einem tiefen Schrecker und einer wilden Flucht quittiert.

Ich ahne schon Schlimmes. Am Anschuß nur ein kurzes Bündel Schnitthaar. Oh Jammer, das scheint ein Kurzwildbretschuß zu sein!

Wir brechen sofort die Pirsch ab und eilen ins Forsthaus, um den alten Oberförster N. samt seinem ebenso alten, aber bewährten Dackel zu Hilfe zu holen.

Zu dritt kehren wir zurück, N. und ich stellen uns vor, während der Oberförster mit Hund die Nachsuche aufnimmt.

Nach einer Stunde taucht er wieder auf, ohne auf den Bock gestoßen zu sein. Dann kommt auch N. und berichtet, ihm sei der Bock ganz langsam und vertraut gekommen „Dem fehlt nix", deshalb habe er nicht geschossen.

Ich bleibe bei meiner Meinung, aber die einmalige Chance ist vertan. Im August komme ich wieder, und meine erste Pirsch gilt diesem Bock. Aufs Blatten springt er nicht. N., der mich wieder begleitet, spürt ein menschliches Rühren. Mit den Worten „Ich muß grad mal die Hosen umdrahn" verschwindet er in den

Büschen. Nach einer Weile kommt er betreten mit einem Krickl zurück. „Das ist Ihr Bock."

Es war, wie ich es vorausgesagt hatte! Der Bock hatte einen Kurzwildbretschuß und war elend zugrund gegangen, weil N. damals nicht schoß.

Ich saß auf einem Hochstand am Waldesrand mit Einblick in einen verwachsenen Schlag, an den sich links eine Fichtenjugend anschloß. Es war ein milder Junitag. Eine ganze Weile tat sich nichts, aber dann war da plötzlich der rote Fleck, dessen Aufleuchten den Puls beschleunigt, der rote Fleck wird zum Bock, auf den ich passe. Er steht jetzt frei, brettelbreit, etwa achtzig Schritt weit. Im Schuß ist er verschwunden.

Ich gehe zum Anschuß und finde dort nur winzige dunkelrote Schweißtropfen. Zurück also zum zuständigen Revierjäger, der alsbald die Nachsuche mit seinem Bayrischen aufnimmt, die in die Fichtenjugend führt, wo der ohnehin spärlichste Schweiß aufhört. Die Nachsuche, welche die ganze Fichtenjugend erfaßt, bleibt erfolglos. Zwei Tage später wird der Bock verendet, weit entfernt, zufällig von einem Bauern gefunden. Er hatte einen Äserschuß. Der Bock hatte anscheinend im Moment des Schusses mit dem Haupt nach Fliegen geschlagen, und so war es zu diesem unglücklichen Schuß gekommen. Der dritte Vorfall spielte sich in der Brunft ab. Der Bock sprang auf den Ruf aus dem Wald in die Wiese, brach auf den Schuß zusammen, wurde wieder hoch und flüchtete in den Wald zurück. Am Anschuß war reichlich Schweiß.

Nun wurde wieder der schon erwähnte Oberförster mit seinem Dackel bemüht. Während ich mich mit weitem Ausblick in das Tal, dessen Grund mit Weizen bestanden war, vorstellte, begann er die Nachsuche. Irgendwann hatte er den Dackel geschnallt, denn nun erschien der Bock plötzlich im Weizenfeld, in mäßigem Troll, zog durch das Weizenfeld durch, machte an seinem Ende eine Wendung nach links, wobei er in der Blattgegend einen riesigen Schweißfleck aufwies. Zum Schießen war es zu weit. Der Bock entschwand dann im Wald und ward nie mehr gesehen. Vermutlich hatte der Bock einen glatten Durchschuß, der nicht ins Leben ging.

Gasteiner Geschichten

In jenem Revier im Gasteinertal, in dem ich neun Jahre Mitpächter sein durfte, habe ich viele Erlebnisse mit Rehböcken gehabt, von denen ich erzählen will.

Gleich im ersten Jahr, an meinem Namenstag, dem 2. August, es war die erste Pirsch, sehen wir — mein Sohn Johannes und ich auf dem Heimweg am späten Nachmittag bei strömendem Regen plötzlich eine Gais hinter einem Erlenbusch hervorkommen und dann noch ein zweites Stück. Bock! Hohe Stangen! Der Bock treibt die Gais in eine Mulde, wo das Paar überriegelt ist. Ich mache ein paar Schritte vorwärts, um es anzupirschen, werde aber von Johannes zurückgeholt, der beobachtet hatte, daß sie fast bis zum Zechergraben getrieben hatten. Der Bock ist fahlgelb, heller als die Gais. Es wird ein weiter Schuß werden. Hinter einem großen Stein liegend, aufgelegt auf den Rucksack, trage ich dem Bock die Kugel an, die ihn zusammenwirft. Er walgt noch einen kleinen Hang herunter und verschwindet hinter einem Busch. Als wir hinkommen und das Haupt aus den Farnen heben, merken wir erst, was für einen guten Bock ich geschossen habe. Hohe (25 cm) stark geperlte Stangen, zwar kurze Enden, aber Dachrosen, wie ich sie selten gesehen habe. Rosenumfang 24 cm. Im Triumph ziehen wir heim. Ein vielversprechender Anfang! Doch in den drei Wochen, die ich damals im Revier bleiben konnte, fielen nur noch ein Gams und ein Tier. Es versteht sich von selbst, daß ich die Rehböcke dort nur in der Brunft bejagte, die meist bis Mitte August dauerte, so daß ich im Juni und Anfang August hinter den Böcken auf der Schaumburg her sein konnte.

Am Nachmittag, ich war gerade angekommen, pirsche ich in die untere Kohlgrube, wo ich mich ansetze. Zuerst entdecke ich eine Gais, dann einen jungen Bock in einer Mulde vor mir. Kurze rote Spieße, von denen einer eine Gabel andeutet, stark im

Wildbret. Während ich ihn anpirsche, um ihn noch genauer ansprechen zu können, knurrt mein abgelegter Hund auf eine aggressive Kuh und der Bock springt ab.

Gegen 19 Uhr sehe ich ganz oben am Rande der Kohlgrube gegen Lahnstrichschlag zwei äsende Rehe. Das eine Stück, deutlich als Gais erkenntlich, setzt sich in Bewegung, das andere folgt mit dem Windfang an der Schürze. Also Bock! Erstes Brunftgeschehen. Ich steige in großem Bogen ausholend im Hochholz hoch. Oben entdecke ich den Bock im Holz gegenüber, pirsche weiter vor und habe plötzlich weiter rechts ein Stück in den Büschen vor mir, welches sich aber schließlich als die Gais herausstellt. Es gelingt mir, bis an den Rand des Hochholzes vorzudringen, aber dann hat mich der Bock weg, wird aber wieder vertraut, steht aber so gedeckt, daß ich nicht schießen kann. Als er dann endlich einmal frei wird, packt mich ein gänzlich ungewohntes Jagdfieber, daß ich nicht zusammenkomme. Also weiter vor.

Plötzlich werden zwei eingelagerte Kitze hoch, und alles wird flüchtig. Die Gais auf den Lahnstrichschlag hinaus, der Bock noch höher. Ich springe ganz an den Rand des Hochholzes, finde einen Baumstupf, Hut drauf, aufgelegt, aber eben entschwindet der Bock, erscheint noch einmal in einer Lücke, und da knallt es! Der Bock zeichnet auf Leberschuß und bleibt an einem Baum gelehnt stehen. Zweiter Schuß, kein Zeichen. Dritter Schuß. Der Bock schwankt herum, versucht talabwärts zu flüchten, bricht zusammen und rouliert noch ein ganzes Stück bis in eine kleine Mulde. Als ich dann hinaufkomme, stelle ich fest, daß er alle drei Schüsse hat. Zwei sitzen dicht nebeneinander und haben sowohl einen starken Einschuß wie auch Ausschuß ergeben, der dritte sitzt vor dem Blatt. Es ist ein alter Bock, der nicht sehr hoch aufhat, aber mit sehr guten Enden. Ich schleife ihn dann bis auf die Strohlehenalm, wo ich ihn aufbreche. Die Leber ist total zerfetzt, der Pansen mitgetroffen.

Am nächsten Morgen steige ich um 04.30 Uhr in die Saugrube. Kaum habe ich mich angesetzt, um den gegenüberliegenden Katzinger zu beobachten, ziehen unter ihm zwei Rehe aus.

Der Katzinger ist ein etwa 2100 Meter hoher, stark mit Preiselbeerkraut und Almrausch bedeckter, pyramidenförmiger Felskopf.

Da das hintere Stück sofort die Gais mehrmals beschlägt, ist die Lage klar, und ich gehe gleich los.

Als ich in die richtige Höhe komme, sehe ich nur ein Stück niedergetan. Wo ist der Bock? Ich muß zunächst in Deckung bleiben.

Nach einer Weile werden beide Stücke hoch und ziehen in die am Fuße des Katzingers befindlichen Erlen. Unmöglich, zu Schuß zu kommen. Weder Fiep- noch Kitzruf finden Beachtung. Ich steige schließlich mit halbem Wind so hoch, daß ich in guten Wind komme und versuche von oben, das Paar ins Gesicht zu bekommen. Umsonst. Inzwischen ist es 07.30 Uhr geworden, ich setze auf die letzte Karte, links herunterzusteigen, wodurch ich genaueren Einblick zu bekommen und, falls die Stücke nach rechts flüchtig würden, am gegenseitigen Hang zu Schuß zu kommen hoffe.

Nichts und nichts. Nun bin ich schon ganz unten — da steht der Bock und äugt mich auf 80 Schritt an. Nieder, entsichert, schon nimmt ihn die Gais mit. Auf Anpfeifen bleiben sie noch einmal tief unten stehen, doch steht der Bock so, daß ich nicht schießen kann. Dann flüchten — treiben sie den Lärchenhang hinauf, die Beleuchtung läßt mich den Weg des Paares nicht zu Ende verfolgen. Der Bock scheint ein mittlerer Sechser.

Ich steige zurück zu meinem Hund, der dort drei Stunden musterhaft abgelegt war. Dieser Platz, wo ich zuerst saß, bot als Ergebnis meiner Rundumpirsch die beste Übersicht, und man hätte dort eben Stunden hocken bleiben müssen.

Am Nachmittag wieder dort, doch kein Anblick. Am nächsten Tag pirschen Förster Sch. und ich zum oberen Kohlbichl, wo wir uns ansetzen. Da entdecken wir auf der unteren Krippling eine Gais, dann ein zweites Stück, Bock!

Wir rennen auf dem Steig nach hinten, um in eine bessere Beobachtungs- und Ausgangsstellung zu kommen. Sieh' da, es ist das Paar vom Katzinger. Ich pirsche allein nach vorn, einmal verhofft die Gais auf mich herunter, beruhigt sich anscheinend wieder. Ich muß nun durch eine Mulde, die mich zwar deckt, aber mir auch die Sicht nimmt. Schritt für Schritt schleiche ich vor und erwarte jeden Augenblick, auf das Paar zu stoßen, Busch um

Busch arbeite ich mich vor. Nichts! Als ich einmal zurückschaue, sehe ich die Gais weit oben im Hang ziehen, also ist mir die schlaue alte Tante doch wieder abgefahren. Wieder nicht gelungen, aber jetzt wissen wir wenigstens, wo die Gesellschaft steckt. Es ist sogar nicht unwahrscheinlich, daß sie wieder auf den Katzinger zurückwechselt.

Am dritten Morgen pirschen wir zurück über die obere Krippling, falls das Paar noch dort stehen sollte. Nichts! Hinauf zu unserem Beobachtungspunkt in der Saugrube. Tatsächlich sind die beiden wieder in den Erlen. Ich beschließe, sie gleich anzugehen, nachdem ich mit Sch., der beobachtend sitzen bleibt, Richtungssignale ausgemacht habe. Im Anmarsch über den Graben sehe ich den Bock treiben, und die Stücke wechseln in das nächste Erlenfeld. Der Talwind zwingt mich überdies zur Änderung des Anpirschplanes. Da die Stücke eingezogen sind, kann ich es wagen, tief im Hang ungedeckt über die Wiese zu gehen, dann schleiche ich von Felsblock zu Felsblock, bis ich gut unterm Wind gedeckt Vorpaß halten kann, denn es kann Stunden dauern, bis das Paar wieder zum Vorschein kommt. Ich richte mich also hinter meinem Stein häuslich ein.

Wundervoll ist der Blick auf das Massiv des Hochkönigs bis zu den Mandlwänden, auf das Tennengebirge, auf Goldegg. Wenn die Sonne nicht immer wieder von Wolken verdeckt würde, wäre es ganz schön warm, so aber ist es recht kühl. Eine Stunde um die andere verrinnt. Diesmal aber bin ich entschlossen, den Bock auszuhocken.

Zu Mittag versuche ich doch einmal ein paar Fieper. Wenig später signalisiert Sch. „Achtung, in den Erlen/Mittelstück". Ich kann noch nichts sehen, aber Sch. hält seinen Stock mit meinem Pullover hoch. Doch da! Da schiebt sich ein Stück aus den Erlen hervor, noch sehe ich erst bloß einen roten Kasten, aber ich liege schon im Anschlag, jetzt wird der Bock — er ist es, hat ihn vielleicht doch das Fiepen hochgemacht? — frei. Im Schuß ist der Bock verschwunden. Er hat den Knall nicht mehr vernommen; hundert Schritt, ein bequemer Schuß. Sch. erzählt nachher, er habe den Bock stürzen sehen und dann erst die Detonation des Schusses vernommen. Als wir dann hinkommen, bestätigt sich

die Stangenhöhe, die wir schon angesprochen hatten. Ein alter guter Sechser mit eisgrauem Grind liegt vor uns. Wir legen ihn in 1900 m Seehöhe in die noch blühenden Alpenrosen und halten ihm die Totenwacht. Diesmal hatte seine Stunde geschlagen.

Als ich zur Herringalm komme, sehe ich in der Kohlgrube einen Bock treiben. Graues Haupt, weiße leuchtende Enden. Der Regen hatte aufgehört, aber das Gelände, durch das ich den Zechergraben hinunter muß, ist triefnaß. Am Rande hoch und entlang, bis ich meine, die richtige Höhe zu haben. Dort, wo das Paar sein sollte, sehe ich nichts, also mal abwarten.

Beim Absuchen des Geländes entdecke ich plötzlich im hohen Gras das Haupt des niedergetanen Bockes. Nun richte ich mich ein und warte erst einmal. Plötzlich erscheint die Gais und macht den Bock hoch, der sofort zu treiben beginnt, und treibend in einer Lücke erhält er auf 80 Schritt die Kugel, zeichnet mit hoher Flucht und verschwindet hinter einer Fichtengruppe.

11 Uhr. Nach einer Weile gehe ich zum Anschuß, suche zunächst zu weit und finde ihn in der Flucht zusammengebrochen, aber es ist der Falsche! Ich bringe ihn zur Wengeralm hinunter, von wo ihn die Sennerin im Korb zu Tal trägt. Nur das Haupt habe ich abgeschlagen und nehme es mit mir.

Der Revierjäger Engelbert Katzensteiner, kurz Engel genannt, war einer der besten Berufsjäger, die mir in meinem langen Jägerleben untergekommen sind. Natürlich kannte er sein Revier wie seine Hosentasche, befolgte man seine Ratschläge und Anweisungen, so kam man meist sicher zu Schuß.

So sagte er mir bei meiner Ankunft zur Rehbrunft: „Auf der Krippling steht ein sehr guter Bock. Setzen Sie sich auf das kleine Köpfl oberhalb der Wiesenrinne, die bis in den Bärenkoglgraben reicht und im letzten Drittel überriegelt ist. Dort muß der Bock kommen."

Gesagt, getan! Beim dritten Fieper taucht der Bock von unten auf, sofort als stark erkenntlich, kommt schnurgerade auf 50 Schritt unter meinen Stand, erhält die Kugel auf den Stich und bricht im Feuer zusammen. Nachdem ich ihn versorgt habe, hole ich die Sennerin von der Kokaseralm und wir tragen den Bock am Stock heim. Manchmal klappt es auf Anhieb.

Es ist trüb und nebelig. Über den neuen Schlag oberhalb des Kohlgrubenbodens soll laut Engel in der Früh ein Bock ziehen, der hochjagdbar ist. Ansitz am Rand der gegenüberliegenden Dickung. Der Wind hält nicht, doch schlägt er über die Rinne nicht hinüber. Viel lästiger ist der sich immer wieder schließende Nebelvorhang. Ich blatte eine Stunde lang alle zehn Minuten ohne Erfolg, schließlich greife ich als letzten Versuch zum Angstgeschrei; hierauf kommt sofort ein sichtbar guter Bock mit grauem Grind eilig von links aus dem Wald gezogen. Drei zarte Fieper lassen ihn verhoffen, doch mein Glas schlägt beim Hochheben der Büchse an, und dieser metallische Ton reißt den Bock herum, der nun spitz von vorn, durch Farnkraut gedeckt, heräugt.

Nach bangen Minuten stellt er sich frei und breit und erhält auf 80 Schritt die Kugel hinters Blatt. Nach wenigen Fluchten bricht er zusammen. 6.30 Uhr. Troll, auf den Anschuß gebracht, findet ihn sofort. Aufbrechen, Versorgen, Hauptabschlagen, Aufstieg zur Hütte.

13. August! Am Vortag hatte es zu Mittag zu regnen begonnen und ununterbrochen geregnet, bis ich schlafen ging. Als ich einmal um ein Uhr früh nach dem Wetter sehe, ist bereits alles weiß von Schnee. Um 05.00 Uhr hat es + 4 Grad C, die Wolkendecke ist in Auflösung. Am Vormittag entschließe ich mich zu einer langen Pirsch hinüber zur Hütte meines Partners.

Am Rückweg zieht es mich zum Dorferwald. Am großen Schlag angelangt, lasse ich mich auf einem Baumstumpf nieder und suche den Schlag ab. Tief unten ist ein Bock niedergetan, der recht gut aussieht. Da er auf den Ruf in keiner Weise reagiert, muß ich ihn anpirschen. Troll, mein Wachtelrüde, wird abgelegt, und ich rutsche, da ich keine Deckung habe, durch das hohe Farnkraut hinunter. Der Wind hält nicht, und ich merke, wie der Bock zu winden anfängt. Noch aber bin ich nicht nahe genug. Als ich das nächste Mal vorsichtig spähe, was er tut, ist er schon hoch und tritt unentschlossen herum. Ein übereilter Schuß geht daneben, doch der Bock macht nach zwei Fluchten ein Haberl und erhält im Abspringen auf ca. 150 Schritt die zweite Kugel, zeichnet mit krummem Rücken und ist dann überriegelt.

Ich gehe zurück, hole Troll und gehe zum Anschuß, wo er sofort stark markiert. Nun wird er an den langen Riemen gelegt, zeigt nach kurzer Suche die Schweißfährte, der er nun zügig folgt.

Aus einer Fichtengruppe heraus wird der schwerkranke Bock flüchtig, ich schnalle Troll, der den Bock stellt und in der Bail hält, bis ich zum Fangschuß heranbin. Es ist ein braver Sechser. Es ist schon spät am Nachmittag, weshalb ich beim Jäger übernachte, der bequemer zu erreichen ist als der steile Anstieg zu meiner Hütte.

Fünfzehnter August. In der Früh Nebel. Um 10 Uhr beziehe ich den Hochsitz am Moserboden. Eine halbe Stunde später springt ein starker Bock auf den dritten Fieper über den Graben, kommt suchend auf 80 Schritt rechts vom Hochsitz, erhält mit einem Fieper aufgehalten die Kugel aufs Blatt und stürzt in rasender Flucht in eine Mulde. Es ist der starke alte Sechser, den ich im Vorjahr fehlte.

Siebzehnter August. Schnee bis auf 1900 Meter. Frühpirsch in den Steingraben. Dort entdecke ich eine Gais mit einem Spießer, der so stark ist wie die Gais. Das Paar treibt von uns weg. Ich versuche es mit dem Angstgeschrei. Nach einer Weile kommt das Paar zurück. Immer wieder ist der Bock verdeckt. Nach eineinhalb Stunden Beobachtung gelingt der zweite Schuß, der erste ging fehl, der Bock zeichnet und klagt, geht rasend ab. Der Schuß war weit, an die 200 Schritt, und faßte die Leber.

Die Mirsingeben, ein schütter bewachsener, hochgelegener Boden, wird durch einen Steilabfall vom Gsenn getrennt, auf diesem befindet sich ein bemoostes Köpfl, das sowohl nach oben wie nach unten beste Sicht bietet. Dort bezogen mein Sohn Alfonso und ich Stellung, ich beobachte nach oben, er nach unten. Ich fiepe von Zeit zu Zeit und höre plötzlich das Schrecken eines abspringenden Bockes im Gsenn. Ich drehe mich um und sehe den Bock in die Lärchen flüchten, wo er erschrocken stehen bleibt und mir so Zeit läßt, ihn anzusprechen und zu schießen. 19.15 Uhr! Was hatte sich ereignet? Der Bock war aufs Fiepen längs des Steilabfalles ganz nahe unbemerkt angewechselt, und Alfonso hatte ihm den Rauch seiner Zigarette in den Windfang

geblasen, worauf er schreckend flüchtete. Da er etwas verdeckt stand, mußte der Schuß etwas kurz angetragen werden. Er zeichnet waidwund und geht mit schleppenden Hinterläufen schwerkrank ab und taucht aus einem Fichtenhorst nicht mehr auf, wo wir ihn auch verendet finden.

Und nun zu den Hirschen! Jedes Jahr fuhr ich zur Hirschbrunft nach Dorfgastein.

3. Oktober, ein stiller Morgen. Ich setze mich am Ende des Kripplingsteiges in völliger Dunkelheit an. Es gilt dem Hirsch von gestern früh, der noch vor Büchsenlicht heftig röhrend einzog. Wieder meldet er vor Büchsenlicht im Roßfeld, und ich sehe meine Felle schon fortschwimmen. Da röhrt eine starke Stimme im Kühkar. Allmählich wird es schummrig, und man erkennt, die Silhouetten der einzelnen Stücke. Der Hirsch steht in einer Mulde, weshalb er nur schlecht zu vernehmen ist. Langsam ziehen die Tiere in die Mulde und zeigen die Tendenz einzuziehen. Da ich nun gegen Sicht gedeckt bin, springe ich über den Graben und pirsche vor, denn nun muß das Rudel bald den Wechsel annehmen. Jetzt zieht ein Kälbertier aus einer Bodenfalte heraus, dahinter der Hirsch. Er hält gerade unschlüssig, da trifft ihn auf 200 Schritt meine Kugel. Mit wilden Fluchten rast er bergab, verschwindet hinter der Bodenwelle, aus der nun die Tiere flüchtig herauspreschen. Also liegt er wohl. Ich pirsche vorsichtig vor, da sehe ich ihn schwerkrank stehen, der Fangschuß wirft ihn zusammen. Ein ungerader Kronenzehner. Sein Rudel bestand aus zwei Kälbertieren, einem Schmaltier und drei Beihirschen.

5. Oktober. Schon gegen 14 Uhr pirsche ich zum Hochsitz auf der Mirsingeben. Schon auf dem Weg dorthin höre ich eine starke Stimme im Hang des Moserbodens. Troll, der Wachtelrüde, wird unten abgelegt, kaum sitze ich oben, sehe ich den im Wildbret ausnehmend starken Hirsch zwischen den Bäumen. Zunächst ist das Haupt verdeckt, dann zeigt sich ein Eissproßzehner mit langen weißen Enden. Auf mein Röhren zieht er antwortend näher und erhält auf 120 Schritt die Kugel halbspitz von vorn. Trotzdem flüchtet der Hirsch bergauf zurück, ich sehe ihn wanken, zusammenbrechen und roulieren. Kein Schweiß, aber

Troll arbeitet tadellos zum Hirsch hin. Nach getaner Arbeit steige ich ins Dorf, um den Abtransport zu veranlassen, wo ich bei Frau Resi Katzensteiner übernachte.

In einem anderen Jahr gab es am 7. Oktober in der Früh ein Schneetreiben. Dessen ungeachtet, pirschen Sch. und ich in die Mirsingeben und sehen ein starkers Stück in den Erlen unter den Torkögeln. Im Schutze der letzten Zirbengruppe haben wir uns vorgeschoben. Während ich versuche, das Stück anzusprechen, dessen Haupt verdeckt ist und das Schneetreiben immer eisiger wird, sagt Sch. plötzlich: „Da am Köpfl steht ein Hirsch, schießen!" Tatsächlich, auf 150 Schritt steht da ein mittlerer Hirsch brettelbreit im Schneetreiben. Mündungsschoner herunter, entsichert, gestochen, geschossen.

Der Hirsch zeichnet, schlägt um und geht hochflüchtig bergab und verschwindet nach drei schweren Fluchten hinter einer Bodenwelle. 17.10 Uhr. So ein Dusel! Nach einer Zigarette treten wir aus unserer Deckung, da steht oben in den Erlen ein alter, starker Achterhirsch und äugt und windet auf uns herab. Wir liegen im Schnee, aber es ist zu weit, und er deckt sich meisterhaft. Ein Versuch, ihn anzugehen, mißlingt. Dann sehen wir nach unserem Hirschen und finden ihn nicht. Der Anschuß ist verschneit, aber schließlich entdecke ich ihn zusammengebrochen tiefer unten. Rasch sind wir dort, ein enger Sechser, im Schneetreiben sah er stärker aus. Wir versorgen den Hirsch. Kein Ausschuß, die Kammer total zerfetzt. Kein Hirsch hatte nach Tagesanbruch gemeldet.

Engel und ich machen eine Nachmittagspirsch ins Steindlkar. Plötzlich legt er sich hin, ich tue desgleichen. Zunächst sehe ich nur ein Tier unschlüssig herumstehen, dann auch den Hirsch, nachdem ich etwas nach rechts gerutscht bin. Sechser, nein — ungerader Achter, ein typischer Abschußhirsch. Auf den auf 200 Schritt abgegebenen Schuß bricht der Hirsch wie vom Schlag getroffen zusammen, wird hoch, stürzt, wird wieder hoch und verschwindet dann in einer Mulde, wird auf den Hinterläufen sitzend noch einmal einer Rinne herunterrutschend sichtbar, ohne daß noch ein Fangschuß anzubringen gewesen wäre. Engel und ich trennen uns. Er will in die Luggau, wo er seine Büchse hin-

terlassen hat, dann ins Tal Alma holen und soll um halb sechs in der Früh auf der Kokaserhütte eintreffen.

Engel kommt am Morgen nicht. Zu Mittag pirsche ich über den Moserboden die Rinne hinunter, in der man deutlich Rutschspuren findet, weiche aber dann nach rechts ab und gehe zurück zur Hütte. Engel mit Hund ist jetzt da, aber ohne Hirsch. Er hatte den Hund abends nicht mehr holen können, weil der Jagdherr den Hüttenschlüssel eingesteckt hatte und er nun warten mußte. Am Anschuß schwere und zahlreiche Knochensplitter, die Röhrenknochen der Hinterläufe. Engel hatte daher keine weitere Nachsuche vorgenommen, weil er mich zum Vorstellen brauchte. Meine Frau und ich beziehen am Moserboden einen Platz, der guten Überblick bietet, und warten auf den von Engel angeschnallten Hund. Etwa zehn Minuten nach dem vereinbarten Zeitpunkt sehen wir Alma die Rinne herunterkommen, die Nase am Boden, in einem Graben verschwinden, und schon ertönt Standlaut. Es ist gar nicht sehr weit. Ich laufe los, und dann bietet sich mir ein schönes, aber zugleich jammervolles Bild. Der Hirsch sitzt im Wasser vom Hund gestellt, kann nicht mehr hochkommen. Der Fangschuß erlöst ihn. Beide Röhrenknochen vollkommen zerschmettert, ein unverständlicher Schuß, den Engel damit zu erklären vermeint, daß der Rucksack, auf den ich aufgelegt hatte, gefedert hätte.

So geschehen am 1. und 2. Oktober.

Spät am Nachmittag pirschen meine Frau und ich über das obere Roßfeld, da bemerkt sie am Waldrand eine Bewegung, es folgt ein Röhrer, und schon sitzen wir in der Wiese und schauen aufgeregt mit unseren Gläsern, was da kommt. Zunächst nichts, denn der Hirsch steht im Dunkeln und schlägt an einem Strauch herum. Dann zieht er röhrend im Wald nach oben, man sieht den Wildkörper von Zeit zu Zeit zwischen den Bäumen. Er nimmt anscheinend den oberen Wechsel an und müßte mir schußbar kommen, wenn auch weit, wenn er rechtzeitig kommt, denn es ist schon sehr schummrig. Jetzt kommt ein Kälbertier am Wechsel, und dann kommt auch er! Es ist der Hirsch, hinter dem Engel und ich schon eine Weile her sind. Nun kommt er in eine Lücke, dort sollte es gehen. Oh weh! Das Fernrohr ist ange-

laufen. Wischen. Einstweilen ist der Hirsch natürlich weitergezogen. Nächste Lücke — wieder ist das Fernrohr angelaufen, es ist zum Verrücktwerden, wischen, jetzt kommt der Hirsch in die Rinne vor den Erlen, das ist die letzte Chance. Schußbereit hinterm Bergstock schreie ich den Hirsch an. Er verhofft, ausgerechnet hinter der einzigen Fichte, die es zwischen ihm und mir noch gibt. Aber jetzt kommt er auf der anderen Seite heraus, ich schreie ihn nochmals an, er verhofft wieder und quittiert die Kugel mit einer wilden Flucht und verschwindet in einer Mulde. Dann ist es finster. Es war der letzte Moment. Achtzehn Uhr, zweihundertfünfzig Schritt. Wir pirschen leise am Grabenrand weg. Ein Hirsch meldet im Kohlbichl.

Am nächsten Morgen Ansitz noch im Dunkeln am Ende des Kripplingsteiges. Das Roßfeld ist still und leer. Ich warte sehnsüchtig, daß es heller wird. Immer wieder sucht das Glas die Gegend ab. Was ist dort für ein roter Fleck? Ein Baumstrunk beim Steig? Dort kenne ich doch keinen. Aber ich sehe kein Haupt, kein Geweih, es muß doch ein Holzstock sein. Jetzt ist es hell genug, jetzt steige ich hinüber. Drüben am halben Steig schaue ich nochmals mit dem Glas. Herrgott! Da liegt ja der Hirsch, das Haupt im Sturz in die Wiese gebohrt. Wäre es gestern nicht schon völlig finster gewesen, hätten wir den in Flucht zusammengebrochenen Achter noch gefunden. Lange sitze ich bei ihm und freue mich an seinen roten starken Stangen, die ich oberhalb der Augsprossen gerade noch umfassen kann. Zweiter Oktober.

Am nächsten Morgen ist die Saugrube mein Ziel. Schon auf der Heinreichsalm höre ich den Hirsch melden. Langsam pirsche ich vor. Lange vor Büchsenlicht bin ich am Platz, wo ich den Hirsch am Rückwechsel abzufangen hoffe. Um fünf Uhr verschweigt der Hirsch, anscheinend ist sein Rudel schon weggezogen. Ich kann nur sitzen bleiben und warten, bis man klare Sicht hat. Um sechs Uhr höre ich wieder einen Hirsch melden, aber so merkwürdig gedämpft.

Ich schaue überall umher, kann aber nichts entdecken. Vor mir ist noch eine Senke, in die ich sitzend nicht einsehen kann. Vorsichtig erhebe ich mich längs des Stammes der kleinen Lärche, unter der ich mich eingeschoben hatte. Da äsen ja drei Tie-

re, aber wo ist der Hirsch? Dann erblicke ich ihn abseits niedergetan. Ein Koloß! Das Geweih des Eissproßzehners mit lauter weißen Enden recht weit über die Mitte seines Rückens. Jetzt wird er hoch und zieht einem schwachen Sechser entgegen, der sich an die Tiere heranmachen will. Lieber Gott! Ist das ein Hirsch! Aber er ist viel zu weit, und ich habe so gut wie keine Deckung mehr. Während die Tiere den Hang gegen die Torkögel hinaufäsen, der Hirsch sich zur Abwehr des Beihirschen nach der anderen Seite entfernt, krieche ich in einem Graberl so weit wie möglich. Irgend etwas muß der Hirsch doch bemerkt haben, denn er verhofft auf mich her. Ich baue mir, so gut es geht, eine Auflage — es ist verdammt weit — und schieße. Gefehlt! Der Hirsch weiß nicht recht, was los ist, auf das Repetiergeräusch allerdings setzt er sich in Troll, und ich kann sein starkes Geweih gegen das Firmament bewundern. Aus der Traum!

Nachmittag, das Wetter ist ruhig und freundlich, gehen meine Frau und ich wieder in die Saugrube, denn der Hirsch von gestern abend mußte ja wieder dorthinziehen. Vorsichtshalber sitzen wir schon um sechzehn Uhr auf unserem Beobachtungsplatz gegenüber der Lehne, wo ich das Rudel erwartete. Vollkommene Stille, kein Anblick. Um siebzehn Uhr entdecke ich plötzlich ein Kälbertier, das aus dem Kar den Hang heraufzieht, dahinter ein zweites. Wieder die Frage: „Wo ist der zugehörige Hirsch?"

Es kommt keiner. Die Tiere ziehen bergauf in die Erlen unterhalb eines dicken Horstes kleinerer Fichten, in dem ich plötzlich eine Bewegung sehe, die Bewegung einer Stange, und jetzt wird dort ein starker Hirsch sichtbar, der zu den Tieren tritt. Hohe, weit ausgelegte Stangen mit gabellosen langen, dolchartigen Enden, Eissprossen, also Eissproßachter. Der Hirsch ist hochbrunftig, dauernd hängt er den Lecker heraus, versucht ein Tier zu treiben, welches in die Büsche ausweicht, wohin er mühsam nachfolgt. Das dauert so eine ganze Weile. Nie ist er frei für eine Kugel, wenn auch gut zu beobachten.

Endlich zieht eines der Tiere in eine freie Rinne im Hang. Der Hirsch steht unschlüssig, halb verdeckt, immer stumm. Jetzt folgt er endlich ins Freie, steht breit, da faßt ihn mein Schuß. Mit einer wilden Flucht verschwindet er in den nächsten Erlen, aus

denen die Tiere herausflüchten, aber der Hirsch kommt nicht nach. Achtzehn Uhr.

Wir warten, schauen, suchen und sehen nichts. Dann pirschen wir vorsichtig näher, aber in den Erlen ist nichts zu sehen. Plötzlich rollt der Hirsch in einem letzten Kraftaufwand aus den Erlen heraus und bleibt verendet frei im Hang liegen. Wir eilen hin. Die linke Augsprosse ist abgebrochen, kurz und dick die Stangen. Ein starker alter Hirsch. Die Freude ist groß.

Die Hirsche in diesem Revier waren meist alte Sechser und Achter, mein letzter Hirsch war, davon habe ich schon berichtet, ein Eissproßzehner. Kronenhirsche waren selten und meist nicht frei.

Zum Abschluß noch ein paar Erlebnisse mit Gams!

Es war im August des ersten Pachtjahres. Schon seit zwei Tagen machten uns Nebel, Regen und unsteter Wind im Roßfeld zu schaffen, wo wir hinter einem Gams mit engen, aber hohen Krucken her waren. Jetzt, am frühen Nachmittag, pirschen wir zum oberen Kohlbichlkopf. In den Erlen steht ein Stück, das wir, Förster Sch. und ich, nicht anprechen können. Reh ist es keines, auch kein Tier, vielleicht ist es, dafür spräche auch die Farbe, unser Gams, der tiefer steht als bisher. Nun aber los. Wir gehen am Hang bis zum oberen Kohlbichlkopf, dann wissen wir, es ist unser Gams, der immer tiefer zieht. Gefährlich ist nur ein Tier, das in den Erlen steht, das uns aber nicht bemerkt. Am Steig haben wir jetzt wieder Bäume, die Deckung geben. Aber von hier aus reicht es noch nicht, dabei hat der Gams uns jetzt weg, beruhigt sich aber wieder. Zweihundert Schritt unterhalb unseres Steiges ginge es, aber bis dorthin ist deckungsloser Hang. Ich lege mich also auf den Rücken und rutsche langsam, immer haltend, wenn der Gams aufwirft, herunter und erreiche glücklich die nötige Deckung. Der Gams ist inzwischen noch tiefer heruntergezogen. An eine Erle gelehnt, trage ich ihm auf zweihundertfünfzig Schritt die Kugel an, welche er mit Blattschußzeichen quittiert, aber noch flüchtig abgeht, um nach einigen Fluchten stehenzubleiben. Ich schieße noch ein zweites Mal, was der Gams mit einem Sprung mit allen Vieren in die Luft be-

antwortet, dann todkrank noch einige Gänge bergab zieht, sich niedertut und plötzlich umsinkt. Wir steigen dann über Bach und Graben. Der Gams hat einen Blattschuß und den zweiten mitten am Kasten, ist enorm feist, sechsjährig, schlecht gehakkelt.

Es war in der Hirschbrunft. Förster Sch. und ich hatten Unterkunft in der Heinreichsalm genommen. Es herrschte tiefe Winterlandschaft. Unterm gegenüberliegenden Kitzpalfen, einer steilen Felswand, entdecken wir im Schneetreiben vom Hüttenfenster aus einen mittleren Gamsbock, den ich sofort angehe. Da mich der Bock eräugt, entschließe ich mich vorzeitig zum Schuß, unterschätze die Entfernung und unterschieße ihn. Sch. behauptet, der Bock wäre ein Dreiläufer, er habe es beobachtet, so lange der Gams vertraut herumgestiegen sei. In der Flucht war nichts zu bemerken.

Während ich mich am nächsten Morgen rasiere, sagt Sch., der wieder zum Hüttenfenster hinausschaut: „Oberhalb des Kitzpalfen steht jetzt der Dreiläufer“. Inzwischen kommt wieder Nebel und hüllt alles ein. Als ich fertig bin, ist alles wieder klar, der Gams steht noch immer dort. Ich ziehe mein Schneehemd an und umgehe den Gams weit ausholend von links. Der Schnee ist furchtbar laut, aber der Wind hält wenigstens. Zwischen einer Reihe von Latschen, Schritt für Schritt, minutenlang verhaltend, komme ich gedeckt auf 60 Schritt an den Gams heran. Halb spitz von vorn erhält er, nachdem ich in Deckung alle Schutzkappen entfernt habe, im Schneetreiben stehend freihändig die Kugel. Nach einer Flucht bricht er zusammen. Der linke Vorderlauf ist im Kniegelenk abgeschossen, der Stumpf ist schwarz und rund, total verheilt, der achtjährige Bock war völlig unbekannt. Neun Uhr.

Förster Sch. hatte doch richtig gesehen.

Ende August. Engel und ich sind um vier Uhr bei klarer Nacht im Kühkar. Die Gams stehen unterhalb und rechts vom Ladingkogel. Wir pirschen gedeckt bis in die Erlen in der Mitte des Kars und kriechen dann vor, bis wir in die Mulde unterhalb des Ladingkogels einsehen können. Unter den dort versammelten zirka 30 Gams fällt uns ein schon verfärbtes dunkles Stück

auf mit guten Krucken, wobei wir im Zweifel sind, ob es Bock oder Gais ist. Schließlich stellt sich der Gams mit drei Jahrlingen abseits und wird eindeutig als nichtführende Gais erkennbar.

Zum Schuß ist es zu weit, so liegen wir und beobachten. Die tieferstehenden Gams ziehen langsam alle über ein Band am Fuß des Ladingkogels, das man aus unserer Stellung beschießen könnte. Unser Gams zieht aber nach links, und wir sehen schon unsere Hoffnungen zerrinnen. Plötzlich macht er kehrt und zieht rasch über das Band, wo ihn meine Kugel erreicht und ihn gut zehnmal roulierend abstürzen läßt. Die Jahrlinge flüchten auf zehn Schritt an uns vorbei. Unser Gams kommt schwerkrank wieder hoch und strebt gegen die Wände. Zwei Fangschüsse gehen fehl, der dritte wirft ihn endgültig nieder. Beim Sturz hat sich der Gams eine Krucke abgeschlagen, doch hängt sie unverletzt in der Decke. Der Schuß saß tiefblatt auf 230 Schritt, sechs Uhr. Es ist eine starke alte Gais.

Ende November. Eines der wenigen Male, wo es die geringe Schneelage erlaubte, in die Kare einzusteigen. Bei Büchsenlicht sind wir im Kühkar beim großen Murmelstein. Von dort übersieht und beherrscht man alle Wechsel. Sehr hoch oben im Kar sichten wir beim Anstieg sieben Stück Kahlwild, sie bleiben aber mit Rücksicht auf die Gams unbeschossen.

Dann sind wir endlich oben und richten uns ein. Herrlich ist der Blick auf die Berge ringsum über dem Nebelmeer. Die Gams stehen hoch oben — wir haben es nicht anders erwartet. Ein gut veranlagter vierjähriger Bock treibt tiefer unten eine Gais. Es ist sehr mild, und die Sonne wärmt.

Überall sind Gams in kleinen Rudeln. Jetzt hört man deutlich Steindln, aber es zeigt sich nichts. Ich schaue in eine andere Richtung, da stößt mich Engel an. Zwei Gams stehen gegenüber in der Wand. „Der untere", sagt Engel, und schon liege ich hinterm Rucksack und das Fadenkreuz faßt den Bock, der etwas spitz von hinten steht, hinterm Blatt. Im Schuß springt der Bock herunter, der zweite Schuß bringt kein Zeichen mehr. Der Gams geht schwerkrank herunter und tut sich in einer unzugänglichen Mulde nieder. „Hoher Vorderlaufschuß", sagt Engel, nach meinem Abkommen hat der Gams mehr abbekommen.

Wir gehen den Gams gegen die Wand hin an, um ihn hoch zu machen, damit ich ihm noch eine Kugel antragen kann. Der Gams wird auch hoch und versucht nach oben zu ziehen, tut sich aber gleich wieder unter einem Wandl nieder, wo ich gut hinschießen kann. Auf den Schuß schlegelt er noch, kommt dadurch ins Rutschen und fährt uns in einer Rinne fast bis vor die Füße. Der erste Schuß saß so, daß sowohl Engel als auch ich recht haben. Hoher Vorderlaufschuß mit Kernverletzung, der zweite Schuß saß am Trägeransatz. Dreihundert bzw. zweihundert Schritt. Acht Uhr dreißig bzw. neun Uhr. Nun sitzen wir beim Gams und entdecken eitrige Ränder um die Lichter. Ist die Gamsblindheit auch schon bei uns? Sie ist schon im Angertal, das ist so weit nicht. Jetzt erinnert sich Engel, daß beide Gamsböcke die Häupter am Fels gerieben hätten und es wird uns ganz ungemütlich zu Mute. Dann rupft Engel den Bart, der kurz, wenig und rötlich ist, aber die Krucken des achtjährigen Bocks sind brav.

Wieder einmal war Hirschbrunft. Ich war mit Hansl Jordis in der Früh gegen die Mirsingeben aufgestiegen, weil wir von dort eine Stimme vernommen hatten. Wir schieben uns vorsichtig bis zur letzten Fichte vor. Da sagt Hansl „Dort oben steht ein Gams“. Weil in der Mirsingeben oft braune Ziegen anzutreffen waren, seit Menschengedenken dort nie eine Gams gesichtet wurde, glaubte ich, daß Hansl einen seiner üblichen Späße macht. Aber wahrhaftig, dort oben links vom Hirschköpfl steht tatsächlich ein Gams und anscheinend ein jagdbarer. Gedeckt durchs Köpfl steigen wir hoch, und auf zweihundert Schritt erhält er die Kugel halbspitz von hinten, zieht sichtbar krank weiter, um im zweiten Schuß zusammenzubrechen und in eine Senke zu roulieren.

Wir machen es uns bequem und frühstücken. Mitten im Schnapstrinken sehe ich plötzlich den Gams mühsam über den Almboden ziehen. Hansl und ich geben von der Sonne geblendet, die uns ins Gesicht scheint, je zwei Schüsse ab, von denen nur einer trifft, aber den Gams zum Niedertun veranlaßt. Ich steige nun hinunter, umgehe den Gams, der bei meiner Annäherung hoch wird und nunmehr flüchtig abgeht. Gegen die Sonne

bringe ich mit Mühe schließlich den Fangschuß an. 7.30 Uhr. Der Gams hatte vier Schüsse.

An einem trüben Morgen Mitte August steigen Engel und ich wieder ins Kühkar; der Wind ist kalt und unstet, so geben wir die Absicht auf, dort zu passen, und wenden uns gegen den Katzinger, wo mir eine gelte Gais um eine Ecke direkt in die Büchse läuft und im letzten Moment die Kugel erhält, die sie mit einem Satz in die Luft quittiert und dann überriegelt verschwindet, nachdem wir sie noch einen Moment schwerkrank stehen sehen. Wir finden sie verendet. Es ist eine Abschußgais, wie sie im Büchel steht. So schnell kann es manchmal gehen.

Zum Abschluß noch eine bemerkenswerte Geschichte.

Es war in der Gamsbrunft. Engel und ich waren schon bei Büchsenlicht zur Heinreichsalm aufgebrochen. Das ganze weite Gebiet zwischen Bärnkogel und Katzinger, die ganzen Kare waren gamsrein. Es ist noch früh, so setzen wir uns am Anfang des Lärchenbestandes hin und spekulieren. Da erscheint plötzlich auf der Schneid des Katzinger zur Rauris ein Gams, sofort als Bock anzusprechen. Wenn der einisteiget!

Er überlegt es sich lang, aber dann kommt er, und Engel und ich sausen los, ihm entgegen, über den Graben der Saugrube und drüben hinauf. Drüben liegt knietief Schnee. Der Bock ist jetzt tiefer gestiegen. Damit er uns nicht auswechselt während ich ihn angehe, bleibt Engel zurück, um in seinem dunklen Lodenmantel gamsartige Bewegungen zu machen, welche die Neugier des Gams fesseln sollen, während ich im Schneehemd aufsteige. Unbeschreiblich mühsam ist die Steigerei, das Spuren im tiefen Schnee. Endlich bin ich oben hinter einem Felsblock, von wo aus ich schießen könnte, aber im Augenblick bin ich so ausgepumpt, daß an Schießen nicht zu denken ist. Dreiviertel Stunden habe ich gebraucht. Ausgerechnet jetzt hält der Bock, der die ganze Zeit von einem Wandl aus neugierig auf das Theater von Engel geäugt hatte, nicht mehr aus, zieht hinter ein Erlenfeld, und ich muß schießen, auf die Gefahr hin, daß Erlenspitzen die Kugel ablenken. Gefehlt! Der Bock geht flüchtig ab, noch einmal geschossen und gefehlt, mein Blädern hält ihn nicht, nur sei-

ne Fluchten werden langsamer, aber jetzt ist er schon viel zu weit.

Enttäuscht und erschöpft lehne ich mich an den Felsblock, mir ist jetzt alles egal, doch bin ich im nächsten Moment elektrisiert, denn vier Gams springen von hinten kommend ober mir durch die Wand, eine Gais mit Kitz, ein Jahrling und als letztes Stück ein abschußwürdiger Bock. Als er ein Haberl macht, haut ihn meine Kugel in die Luft und aus der Wand heraus, daß mir das Herz lacht.

Innerhalb von ein paar Minuten einen Gams gefehlt und einen geschossen. 14 Uhr!

Jetzt schaut die Welt wieder rosiger aus. Engel kommt nach und holt den Bock, der enge, kurze, aber dicke Krucken hat. Dann ziehen wir befriedigt heimwärts.

So ist die Jagd!

Hirschbrunft zwischen Enns und Ybbs

Am 23. September 1988 sind wir zu Mittag am Jagdhaus Haitzmann eingetroffen. Es ist genau genommen ein altes Bauernhaus, das seit 1761 derselben Familie gehört. Der jetzige Besitzer wohnt aber woanders, hat das alte Haus hochmodern mit Elektroküche, Badezimmer und Warmwasserheizung ausgestattet. Es liegt ganz hinten in einem abgeschiedenen Tal am Anfang des Reviers.

Abends beziehen der Jäger Toni und ich ein Standl am Fuße eines schmalen, steilen Schlages. Um 18.30 Uhr (SZ) zeigt sich ganz oben ein Tier. Folgt der Hirsch?

Es bleibt lange Zeit allein, bis es im angrenzenden Hochwald verschwindet. Um 19.00 Uhr erscheint ein kapitaler Fuchs auf 40 Schritt. Nun wird es rasch immer dunkler, aber Toni reißt es, und er bohrt sein Glas in den Gegenhang. Er deutet an, daß er etwas sieht. Erst später, wie wir schon weit am Rückmarsch sind, sagt er, es wäre ein im Corpus starker Hirsch gewesen, das Geweih habe er nicht mehr ansprechen können. Einmal will er in der Ferne einen Schrei gehört haben; sonst herrschte Totenstille.

24. 9.: In der Früh Regen und Nebel! Wir fahren bis auf 900 Meter hinauf und pirschen dann zu einer Kanzel, die einen großen Schlag beherrscht. Der Regen trommelt aufs Dach, die Nebelfetzen geistern über den Schlag. Mit dem Hellwerden hören Regen und Nebel auf, und wir entdecken ein auffallend hellrotes Kälbertier. Mein Röhren bleibt unbeantwortet. Auf der Heimfahrt sehen wir übers Tal bei einer Salzlecke ein schwaches Kalb, Toni hört zwei ferne Trenzer, wir erblicken noch ein Reh.

Starker Wind vertreibt über Mittag Nebel und Regen, am Nachmittag scheint wieder die Sonne, und es gibt einen windstillen Abend mit Föhnstimmung. Unser Hirsch vom Standl, wo wir wieder passen, trenzt zweimal, zeigt sich aber nicht.

Anblick: ein Auerhahn.

25. 9.: Bedeckt, frisch! Wieder am Standl! Um 6.30 Uhr starkes Kälbertier, Schmalspießer und Sechserhirschl am Schlag; der Platzhirsch hat sich anscheinend das Schmaltier auf die Seite geknöpft und zeigt sich nicht. Als wir nach 7.00 Uhr heimgehen, röhrt er unter uns, worauf wir kehrt machen und uns oberhalb eines von unten heraufführenden Grabens ansetzen. Der Hirsch meldet nicht mehr, um 7.30 Uhr ziehen wir heim.

Die Buchen verfärben schon. Abends trüb, mild, auf dem großen Schlag Tier und Kalb wie vorgestern.

26. 9.: Bedeckt, mild. In der Früh am Standl, kein Anblick. Es röhrt nur gelegentlich jener Hirsch, der alle Tage gemeldet hat, den man aber in seinem unwegsamen Einstand nicht angehen kann. Ich neige zum Abbruch unseres Aufenthaltes und zur Wiederkehr am 1. 10. Toni, der um 20 Uhr noch einmal da war, sah im Scheinwerferlicht auf der großen Wiese ein Rudel von 7 Stück Kahlwild und einen Hirschen, welcher jedoch stumm blieb.

Abbruch wie gedacht, Wiederkehr am 30. 9. abends, Unterkunft im Jagdhof Breitenthal.

1. 10.: Start um 7.00 Uhr (NZ) nach Großreifling. Zwei Jäger waren zum Verhören aufgeboten. Nebel! An Ort und Stelle verlautet dann, daß zwei Hirsche im Dunkeln gut gemeldet hätten, nun aber hätten sie verschwiegen. Wir fahren zu einem vom Nebel verhüllten großen Schlag und beziehen einen Hochstand, während Martin, ein schlanker, blonder, drahtiger, sympathischer junger Berufsjäger, der mich eigentlich führen soll, zu einem anderen Hochsitz fährt und wieder kommen will, wenn er etwas sieht. Einstweilen sitzen wir also und starren in den wallenden Nebel. Nach einer Viertelstunde kommt Martin zurück, und wir fahren weiter bergauf auf einen steilen Kogel, hinter dem wieder ein Graben ist. Bismarckgraben heißt es dort. Der Kogel ist von hohen raumen Buchen bedeckt, in denen noch schwacher Nebel herrscht. In diesem Hochholz befindet sich der gesuchte Hirsch, der vor kurzem noch getrenzt haben soll. Jetzt beginnt eine spannende Pirsch, weil wir den Hirsch angehen. Es pirscht sich vorzüglich, denn starker Regen hat das Buchenlaub aufgeweicht, allerdings ist es auch verdammt rutschig. Wir

schleichen wie die Katzen bergab. Einmal sieht Martin den Hirsch ganz kurz, dann ist er verschwunden. Wir pirschen vorsichtig weiter. Da sitzt der Hirsch auf 80 Schritt im Lager zwischen zwei Buchen und ahnt überhaupt nichts. Müde schwenkt er sein Haupt hin und her. Es ist ein Zwölfer, ein etwa 7—8jähriger Hirsch. Auf den Schuß wird er hoch, bricht aber sofort zusammen. Große Freude, wir steigen hinunter zu ihm, der sich im Sturz in einer gegabelten Buche verfangen hat. Er erhält den letzten Bissen, und dann lassen wir ihn abwalgen zu der tiefer gelegenen Straße. Eine Krone ist schaufelartig ausgeformt. Um 8.15 Uhr schoß ich. Es wird dann ein Traktor geholt und zum nahe gelegenen Forsthaus gefahren, wo der Hirsch aufgebrochen wird und das Umladen auf ein anderes Fahrzeug erfolgt, mit dem wir um 11.00 Uhr am Jagdhof eintreffen.

Es war für mich nicht leicht, mich unter den gegebenen Verhältnissen zum Schuß zu entschließen. Mache ich den Hirsch im Nebel erst hoch, bringe ich womöglich meine Kugel nicht mehr an, denn er ist dann von Bäumen gedeckt.

Das Wetter ist weiter ungünstig für die Brunft, und wie figura zeigt, wird es wieder noch wärmer. Einmal muß ich erfolgreich heimkehren, seit fünf Jahren renne ich dem „Geburtagshirsch" vom 80sten nach. Da mir zugesagt wird, daß ich den Hirsch am nächsten Tag mit nach Hause nehmen darf, bleiben wir noch und fahren abends noch einmal nach Haitzmann, um Hirsche röhren zu hören. Nicht ein einziger Hirsch meldet!

2. 10.: Das inzwischen sauber ausgekochte Geweih wiegt 5, 80, der Hirsch selbst wog ohne Haupt 132 kg, für dortige Verhältnisse sehr viel, Stangenlänge 90 cm, 166 CIC-Punkte.

Die umliegenden Berge zwischen 1200 und 1900 m (Hochkar), alles von Mischwald bestanden, bieten das zauberhafte Bild der Verfärbung. Wir fahren beglückt darüber, daß ich endlich und so befriedigend zu Schuß gekommen bin, nach Hause, erfüllt von Anerkennung für die vorzügliche Organisation, das sympathische tüchtige Jagdpersonal und die sonstige ausgezeichnete Betreuung.

Nach meiner Rückkehr aus Transdanubien (Westungarn), wo ich eindrucksvolle Hirschbrunft-Erlebnisse hatte, von denen ich

im Kapitel „Hirschbrunft in Pannonien" berichtete, aber nicht zu Schuß kam, wollte ich am Hochkar (NÖ.) einen Gams schießen und begab mich am 27. September zum dritten Mal auf den Jagdhof Breitenthal im Ybbstal, auf dessen gepflegte jagdliche Atmosphäre ich mich nach den eher primitiven Verhältnissen in Ungarn schon freute.

Wie immer, wimmelte es zu dieser Zeit dort von Jagdgästen; unzählige Spanier, Belgier, Reichsdeutsche. Seit der Wiedervereinigung der beiden deutschen Staaten kann man ihre Einwohner wohl wieder so nennen.

Gleich bei meiner Ankunft ergab sich, daß ich besser daran täte einen Hirsch zu bejagen.

So fuhr ich mit dem Jäger Toni in das mir vertraute Revier Haitzmann, und wir hockten uns in ein Standl, wo wir schon vor zwei Jahren vergeblich gehockt waren, von wo aus man aber sehr gut verhören konnte. Sehr früh am Abend begann auf der drüberen Lehne ein Hirsch gut und anhaltend zu röhren, bald waren es drei Stimmen, die sich im Konzert vereinigten.

Anblick hatten wir keinen, aber es war ein vielversprechender Anfang.

Am nächsten Morgen mußte ich zuhause bleiben, weil der ganze Fahrplan durch eine Nachsuche in Unordnung gekommen war. Nun, ich hatte ja Zeit und die Brunft strebte erst ihrem Höhepunkt zu.

Am Nachmittag starteten wir in ein anderes Revier, das in unmittelbarer Nähe des Jagdhofes liegt.

Die von Mischwäldern bedeckten Höhenzüge, die jetzt in gelb-braun-roter Verfärbung prangen, erreichen hier 1 400 m und sind teilweise zerrissen und steil.

Wir fuhren steil bergauf. Tief unter uns lag eine Wiese eingebettet in den umliegenden Wald, gegen die Straße abgedeckt durch eine hohe Buschreihe, die nur an zwei Stellen Durchblick nach unten gewährte. Auf der Wiese steht ein einzelnes helles Stück, das ich ohne Brille für eine Kuh halte. Um 16 Uhr erwarte ich mir keinen Hirsch auf der Wiese, wo jetzt überall Kühe herumstehen.

Doch Toni hält an, stellt den Motor ab, gleitet aus dem Wagen

„Hirsch!“. Ich tue desgleichen. Weiß Gott, da unten steht ein Hirsch im vollen Sonnenlicht „Er paßt“. Rasch wird eine Auflage aufgebaut. Der Hirsch hat von so tief unten aus nichts bemerkt. Er steht brettelbreit, so an die zweihundert Schritt. Schuß. Der Hirsch zeichnet ruckartig, wendet, macht einige Fluchten, erhält nochmals eine Kugel und verschwindet hinter Tannen.

Das war wieder einmal unverhofft und eigentlich zu schnell gegangen; aber das ist halt so auf der Jagd. Man hat sich anderen Erwartungen und Vorstellungen hingegeben, von röhrendem Hirsch mit seinem Rudel, von echtem Brunftbetrieb geträumt, bleibt aber den Launen Dianas ausgesetzt, und muß es nehmen, wie es kommt.

Nach geraumer Weile — ich muß erst richtig durchatmen — fahren wir zurück und im Graben von unten zur Wiese, in die wir langsam hineinsteigen. Unter einer Baumgruppe liegt der Hirsch längs hingestreckt. Beide Schüsse sitzen zwei Finger nebeneinander hinterm Blatt.

Ich hatte im Schuß nur eine Fünferkrone bemerkt, aber jetzt kommt die Überraschung, die rechte Stange ist normal und zeigt bei verdickter Augsprosse acht Enden, die linke ist völlig abnormal, was ich beim schnellen Schuß nicht erkannt hatte. Sie ist um zwei Drittel kürzer und besteht aus Augsprosse, einer hoch nach oben im rechten Winkel abgebogenen Eissprosse, einer Stangenverdickung, aus der ein stumpfer Spieß nach unten wächst.

Die Freude ist groß. Ein wirklich interessantes Geweih, ein richtiger Ridingerhirsch. Kleine braune Grandln, Geweihgewicht 4,8 kg, Alter etwa 8 Jahre.

Während Toni sich um die Bringung kümmert, fahre ich mit einem anderen Jäger nochmals ins Haitzmann verhören. Obwohl der Abend kühl und windstill ist, bleibt alles stumm; auch die nächsten Tage — es war zu warm — meldeten die Hirsche kaum.

Zum dritten Mal hatte ich am Jagdhof Breitenthal besonderes Waidmannsheil.

Pirschfahrten

Als ich 1930 meine Frau, die Tochter eines südmährischen Großgrundbesitzers, ehelichte, eröffnete sich mir, einem älteren Jungjäger mit bislang bescheidenen Strecken, das jagdliche Paradies Steinitz. Das ehemals Liechtensteinische Schloß, in dem damals noch die Eltern meines Schwiegervaters wohnten, war durch einen kleinen Schloßgarten vom Schlößl, einer modernen Villa, in der meine Schwiegereltern behaust waren, getrennt. Hinter diesen Gebäuden stieg die Straße steil zum Butschowitzer Berg hinauf, wo das etwa 10 000 ha große zugepachtete Revier begann. Hauptsächlich aus Laubwald bestehend, erinnerte es irgendwie an den vertrauten Wienerwald.

In dieses weitläufige Revier gelangte man nur mittels pferdebespanntem Jagdwagen, sei es, daß man zum Ansitz in die Nähe eines Hochstandes fuhr, von wo man wieder abgeholt wurde, oder aber, um richtig Pirsch zu fahren. In der damaligen Zeit war diese Jagdmethode in den Großgrundbesitzen in Böhmen, Mähren, Schlesien, Ostpreußen und Ungarn überall dort beliebt und geübt, wo das Flach- oder Hügelland den Einsatz von Pferdefuhrwerk erlaubte.

Man fuhr also aufs Geratewohl durchs Revier, immer gewärtig, Wild in Anblick zu bekommen. Traf man mit Wild zusammen, so stieg man auf der dem Wilde abgewendeten Seite des Wagens aus, ging allenfalls noch ein paar Schritte gedeckt nebenher, bis man eine günstige Deckung gefunden hatte, von der aus man das Wild genauer ansprechen und gegebenenfalls beschießen konnte. Der Wagen fuhr weiter, das Wild äugte den Pferden nach und blieb daher vertraut. Nie durfte man vom Wagen aus schießen, in kürzester Zeit würde das Wild die Gefahr erkannt haben und könnte schon bei der Annäherung des Wagens flüchtig abgehen. Hatte man geschossen, oder man war nicht zu Schuß gekommen, oder man wollte letztlich nicht mehr schießen, kam der

Wagen nach einer Weile oder auf Signal zurück, und man fuhr weiter.

Unser alter Kutscher Thomas Otřel war ein erfahrener Mann. Von seinem Kutschbock aus sah er meist früher schon das Wild im Bestand und deutete mit der Peitsche in die Richtung, ja sogar die Qualität der Rehböcke an. So fuhr man also durch das Revier, gewissermaßen von einem Einstand zum anderen, die ja bekannt waren und wo auch immer, vor allem im Frühjahr vor der Brunft, Böcke fielen. Man konnte sich auch auf einen bestimmten Bock versteifen.

Von einem solchen will ich erzählen. In einem bis zum Dorf vorspringenden Waldstück, dem Palánek, war ein hoher, enggestellter Rehbock bestätigt. Er hatte seinen Einstand in einer Eichenjugend inmitten dieses Waldstückes und konnte nach Belieben bzw. je nach Wind in allen vier Richtungen austreten, was seine Bejagung wesentlich erschwerte. Harrte man seiner auf der Westseite, zog er auf der Nordseite aus, nahezu immer erwischte ich eine falsche Kombination.

Einmal, ich war sehr zeitig am Abend zur Stelle, war ich im Begriffe, mir einen Schirm aus Buchenzweigen zu bauen, hinter dem ich ihn auf meinem Dreibein erwarten wollte, den Mannlicher hatte ich an einen Baum gelehnt, da tritt er unerwartet vorzeitig, geradezu vertraut aus der Dickung, hat mich aber im Nu weg und ist mit einem tiefen Schrecklaut wieder in seinem Einstand. Für diesmal ist er vergrämt.

Er machte mir das Leben sauer. Ich hatte ihn mir in den Kopf gesetzt, bislang hatte ich ihm 24mal, 12 Tage früh und abends, vergeblich nachgestellt. Übermorgen mußte ich nach Wien zurück. Da entschloß ich mich, es war der 31. Mai 1932 — damals schoß man auch jagdbare Böcke ab dem 16. Mai — es mit dem Pirschfahren zu versuchen. Mit dem Wagen konnte ich immerhin drei Seiten überwachen. So fuhr ich denn von Thomas kutschiert langsam auf und ab. Es wurde immer dämmriger, und noch immer war kein Rehbock zu sehen. Aber als wir an einer tiefen Mulde im Walde unterhalb der Straße vorbeikamen, da stand er dort rechts unten, 60 Schritt weit, und verhoffte herauf. Ich sprang links vom Wagen und war hinter dem nächsten Baum

in Deckung, während Thomas weiterfuhr. Entsichern, stechen, in Anschlag gehen, schießen. Er hat den Knall nicht mehr vernommen. Tief bewegt trete ich heran und greife in sein starkes, hohes Gehörn, dessen Stangen eng zusammenstehen. Ein guter alter Bock. Ohne Pirschfahren hätte ich ihn vermutlich nie erlegt.

Im Winter war das Pirschfahren mit dem Schlitten, bei Schnee im Schneehemd, besonders günstig, kam man doch nahezu lautlos heran. Dies war besonders beim Kahlwildabschuß von Vorteil, wenn so ein Rudel im Stangenholz herumstand und dem weiterfahrenden Schlitten nachäugte.

Das ist mehr als fünfzig Jahre her; inzwischen ist der Großgrundbesitz überall zerstört worden, es gibt keine Pferde mehr, sie sind vom Auto abgelöst worden, mit dem man kaum pirschfahren kann wie einst. Diese Romantik des Jagdwesens ist tot.

Der Bock von Montdidier

Ich muß weit ausholen. Die Geschichte spielt während des Krieges in Frankreich, und zwar im Jahre 1943.

Ich war im März 1942 aus dem russischen Winter nach Paris versetzt worden. Bis ich dort ankam, blühten bereits die Kastanien. Die IV. Legion Condor, so hieß die Abteilung im Rahmen des Luftnachrichtenregimentes West, das die ganze Westküste bis hinunter nach Gibraltar mit seinen Leitstrahl- und Peilfunkkompanien betreute, lag in Louveciennes, in der Banlieue von Paris. Ich war zbV im Abteilungsstab. Mit Rücksicht auf die in Spanien tätigen, dort in Zivil arbeitenden Einheiten, bestanden enge Beziehungen zu den spanischen, militärischen Dienststellen.

Eines Tages bekam der unweit unseres Abteilungsstabes untergebrachte Regimentsstab Besuch einer spanischen Delegation, welche stark gefeiert wurde, was auch unseren Abteilungskommandeur veranlaßte, den Spaniern ein Essen zu geben. An diesem durfte nur der Adjutant teilnehmen, die übrigen Offiziere und Beamten waren nicht zugelassen. Daraufhin herrschte allgemeine Empörung. Wir, alle die Ausgestoßenen, beschlossen eine protestierende Geste, indem wir uns das Abendessen in einem anderen Raum der beschlagnahmten Villa servieren ließen, was deshalb möglich war, als der Kommandeur angesagt hatte, er würde verspätet zurückkommen. Er hatte die Spanier wieder zum Regimentsstab zurückzubringen gehabt.

Wir saßen noch bei Tisch, als er zurückkam und erstaunt fragte: „Wieso essen wir heute hier?“ Mir fiel die Antwort zu, und ich sagte: „Für Herrn Major ist im Speisesaal gedeckt.“ Der Gute lief rot an und brüllte: „Sie melden sich morgen zum Rapport!“

Am nächsten Morgen stand ich, Koppel umgeschnallt, mit Helm und Handschuhen vor dem Kommandeur. Ich hielt ihm sein Verhalten ungeschminkt vor und wurde zu einer unserer

Kompanien nach Montdidier im Department Somme versetzt ... und verließ als zweiter Sieger sein Büro.

Adieu Paris! Ein PKW brachte mich an den Ort meines neuen Wirkungskreises. Die Unterkünfte lagen irgendwo im flachen Land, weitab von jeder größeren Siedlung, die eventuell gelegentlich eines Abstechers wert gewesen wäre. Doch es gab Jagdgelegenheit! Seit ich Offizier geworden war, inzwischen war ich Oberleutnant, hatte ich meinen alten Drilling 16/9, 3×72 immer mit mir geführt. Man konnte doch nicht wissen. Nach der Kapitulation in Schleswig-Holstein mußte ich ihn an die Engländer abgeben.

Die Gegend war bretteleben, teilweise bewaldet, landwirtschaftlich bewirtschaftet, darunter große Erbsenfelder. Diese zogen Ringeltauben in großer Zahl an und abends, wenn ich keinen Dienst hatte, setze ich mich irgendwo günstig an und schoß die eine oder andere Taube. Allzuviel Munition hatte ich ja nicht. Wir litten damals noch nicht an Verpflegungsschwierigkeiten, aber es war eine schmackhafte Bereicherung des Speisezettels. Ich hatte aber bald heraus, daß es auch Rehwild gab, nicht viel, aber man fährtete es. Und es war Brunft, Anfang August.

Also schlich ich in den Wald. Es war ein lichter Mischwald, ich fand auch Fege- und Plätzstellen, ergo mußte ein Bock da sein. Aber was für einer? Ich hatte noch kein Rehwild in Anblick gehabt.

Nun gut, irgendwas wird schon springen. Der erste Pirschgang, der erste Versuch mit dem Ruf, verlief völlig ergebnislos. Nichts rührte sich, keinerlei Bewegung. Daß in diesem Revier gejagt wurde, war schon daran erkenntlich, daß es Ansitzleitern gab. Ergo erklomm ich eine solche und richtete mich ein.

Ich hatte schon im Vorjahr in Beaumont-le-Roger die Beobachtung gemacht, daß dort die Böcke nicht sprangen. Wie auch immer, man würde sich weiter bemühen. So zog ich denn wieder aus und begann von neuem zu blatten. Ich kann mich nicht mehr erinnern, wie oft und wie lange ich gefiept habe, verschiedene Ortswechsel inbegriffen, jedenfalls ungewöhnlich lange, aber endlich nehme ich eine rote Bewegung wahr. Ein Bock! Aber irgend etwas stimmt nicht mit ihm. Es ist ein ungerader

Sechser, genauer, ein Gabler, der auf einer Stange auf sechse blendet, nichts Weltbewegendes, aber immerhin ein Bock. Er kommt nur ganz langsam näher, schwankend, wackelig. Den Schuß hat er nicht mehr gehört; als ich dann an ihn herantrete, erkenne ich die Ursache seiner Humpelei: alle vier Schalen sind deformiert und überlang, er konnte nicht richtig auftreten. So ist dieser Bock von Montdidier als Abnormer in mein Schußbuch eingegangen. Sein Gehörn hängt heute noch an der Wand.

Kleine Geschichten von seltenen Hohenbrunner Exponaten

Als ich daranging, die Exponate für das oberösterreichische Jagdmuseum Schloß Hohenbrunn bei St. Florian zusammenzutragen, war mir klar, daß das Problem, schöne alte Waffen darzubieten, nicht leicht zu lösen sein würde.

Oberösterreich hatte im Gegensatz zu Steiermark, Tirol oder Wien nie eine landesfürstliche Hofhaltung gekannt, welche im Lebensstil auf die großen Familien des Landes abgefärbt hätte. Was in Oberösterreich an wertvollen Dingen vorhanden war, war nach den beiden Weltkriegen zum Teil ins Ausland verkauft oder, wie das berühmte Falkenzeug des Grafen Thürheim, wenigstens von der Wiener Waffensammlung erstanden worden und so Österreich erhalten geblieben.

Aus dem gleichen Grunde verfügte auch das oberösterreichische Landesmuseum zwar über durchaus interessante, aber keineswegs über Bestände internationaler Klasse.

Da ich mich also auf eine landesfürstliche Gewehrkammer oder sonstige Sammlung von Rang nicht abstützen konnte, mußten andere Wege beschritten werden. Studienreisen zu den bekanntesten europäischen Jagdmuseen hatten mir gezeigt, daß es nirgends eine systematische Darstellung der Entwicklung der jagdlichen Schußwaffen in allen Stufen von der Armbrust bis zum modernsten Repetiergewehr gab. Hier bot sich also eine allgemein interessante einmalige Lösung an, aber auch dazu bedurfte es entsprechender Exponate.

Zunächst mußte eine Armbrust gefunden werden. Hier beginnt eine der liebenswertesten Episoden, in der zwei wertvolle Exponate für Hohenbrunn gewonnen werden konnten.

Ich hatte erfahren, daß bei einem Privatsammler eine Armbrust zum Verkauf stünde. Ich ging hin, aber sie gefiel mir nicht so recht. Nun, damals verstand ich noch nicht sehr viel von alten Waffen, aber in Kenntnis, was alles gefälscht und gestückelt

wird, neigte ich zur Zurückhaltung. Es gab aber auch einen Vorderladerdrilling. Es war mir sofort klar, daß dies eine ganz besondere Rarität wäre, und ich hätte sie gerne erworben, doch der Eigentümer wollte sich von dem Stück nicht trennen.

Immer wieder besuchte ich den guten Mann, bald hatte ich die Sorge herausgehört, nach seinem Tode — er war ein älterer Herr — würde seine Sammlung von seinen Erben verschleudert werden. Hier konnte ich einhaken, dieser Drilling würde ein Glanzstück in Hohenbrunn sein, er solle sich das noch einmal genau überlegen. Zwei Tage später rief ich ihn wieder an, ob er sich entschlossen hätte. Ja, und nannte einen fünfstelligen, absolut angemessenen Betrag, den ich sofort akzeptierte. Tags darauf, bei der Übernahme in Wien zeigte sich der Eigentümer etwas betreten, er hätte mich mit dem Preis abschrecken wollen. Ich ließ das nicht gelten und blätterte die Tausender auf den Tisch. Da ging er hin, nahm die Armbrust, die Anlaß der Bekanntschaft war, und sagte: „Und das ist die Draufgabe!" Eine rührende Geste! Hofrat Dr. Thomas von der Waffensammlung bestätigte später, daß es sich zwar nur um ein einfaches, aber gutes Stück des frühen 15. Jahrhunderts handle. Ein zweiter Vorderladerdrilling ist nicht bekannt geworden.

Ich habe dann doch noch ein paar gute Stücke aus hintersten Winkeln oberösterreichischer Schlösser hervorgeholt, während Steyr Daimler Puch in großzügigster Weise die Darstellung der Entwicklung der Repetiergewehre vom Mannlicher 1898 bis zum modernsten Mannlicher-Schönauer ermöglichte.

Eine andere Geschichte ist die von den Jagdlappen. Der nicht fachkundige Leser wird sich jetzt fragen, was denn das wieder ist.

Sie kennen doch sicher den Ausspruch: „Mir ist etwas durch die Lappen gegangen?" Für Hof- und Staatsjagden hat man vom 16. bis ins 20. Jahrhundert bestimmte Revierteile „verlappt", Revierteile, die am nächsten Tag bejagt werden sollten und wobei verhindert werden mußte, daß das eingetriebene oder dort vorhandene Wild vorzeitig auswechselt. Daher wurden Hunderte aufgetrommelte, bemalte Leinenlappen nächtens an die Bäume gehängt. Das Wild mied dieses bunte, im leisen Wind sich bewegende Zeug und ging nur unter Beschuß, also in höchster Not

„durch die Lappen". Heute noch werden in Polen und Rußland Wölfe und Luchse so bejagt.

Mit dem Aufkommen anderer Jagdmethoden verschwanden die Lappen im allgemeinen, in Österreich wohl sehr früh, da Maria Theresia und Josef II. den barocken Jagdbetrieb ablehnten, daher finden wir kaum kaiserliche Lappen. Im Jagdschloß Kranichstein der Landgrafen bzw. späteren Großherzöge von Hessen bei Darmstadt gibt es solche Lappen noch zu Hunderten. Als ich bei einem Besuch dort diese Tatsache feststellte, ließ ich mich beim Kustos, Architekt Hofmann, mit dem mich seither eine enge museale Freundschaft verband — er ist leider früh verstorben — melden, erzählte ihm von meinem Vorhaben und bat, einen solchen Lappen kaufen zu dürfen. Verkaufen könne und dürfe er nichts, aber sichtlich von der Schilderung des entstehenden Museums beeindruckt, versprach er, die Stiftung Hessischer Jägerhof, die heute Kranichstein behütet, zu einem Geschenk zu veranlassen.

Wenige Wochen später kam ein Paket mit vier (!) Lappen, von 1700 bzw. 1737, je ein Paar, damit man Vorder- und Rückseite zeigen kann. Es ist militärgeschichtlich und lokalhistorich nicht uninteressant, daß das Linzer Hausregiment „Die Hessen", d. h. das k. u. k. Infanterieregiment Nr. 14, „Großherzog Ludwig von Hessen und bei Rhein" jenen Fürsten zum Inhaber hatte, dessen Familie Kranichstein gehörte.

Von Hofmann, diesem hochgebildeten genialen Mann, der auch das großherzögliche Museum in Darmstadt wieder aufgebaut hat, konnte ich unendlich viel lernen. Dies führte zu einer dritten Exponatsgeschichte:

Darmstadt besitzt im Prinz Georg Palais eine weltbekannte Porzellansammlung. Dort befindet sich u. a. auch eine echte, alte, bunte Parforcejagd-Gruppe „Die Cüree" der kurfürstlich-bayrischen Manufaktur Frankenthal (1755). Dahinter ist die Originalradierung von Johann Elias Ridinger (1698—1767) aufgestellt, welche Vorlage zum Model war, nach dem die Nachfolger-Manufaktur München-Nymphenburg heute noch brennt.

Die gleiche Gruppe, allerdings moderner Brand in Weiß, stand schon in Hohenbrunn. Die große Sehnsucht war, den sehr

seltenen Ridinger-Stich zu finden und eine gleiche Dokumentation wie Darmstadt zu bieten. Eines Tages fand ich den Stich beim Kramen in einem bedeutenden Wiener Antiquariat in dessen Ridingermappe. Seither stehen Stich und Porzellangruppe in einer Sondervitrine.

In der letzten Episode spielt der Zufall eine Rolle. Die Grafen St. Julien waren, obwohl in Oberösterreich begütert, bis zum Ende der Monarchie Obersterblandfalkenmeister im Erzherzogtum unter der Enns. Warum und wieso, würde den Rahmen dieser Erzählung sprengen. Eines der ersten Geschenke für Hohenbrunn war ein ausgestopfter Falke mit Prunkhaube, den ein St. Julien bei der Erbhuldigung der niederösterreichischen Stände und Erbämterinhaber für Kaiser Ferdinand I. 1835 als Zeichen seines Amtes trug. Vor nicht allzu langer Zeit hing in der Auslage eines Antiquars in der Nähe des Judenplatzes eine Lithographie dieser Erbhuldigung. Da müssen die Erbamtsträger ja auch dabei sein! Richtig, ganz deutlich sichtbar steht der Obersterblandfalkenmeister mit dem Falken auf der Faust zur Seite seines kaiserlichen Herrn.

Das Bild illustriert jetzt in Hohenbrunn die Geschichte des Falken, den die Gräfin St. Julien-Neuwartenberg so großzügig gestiftet hat.

Links oben: Die Gamsgais vom Hochkar
Rechts oben: Der Goldmedaillenschaufler
Links unten: Der abnorme Hirsch von St. Georgen an der Reith
Rechts unten: Ein uralter Hirsch

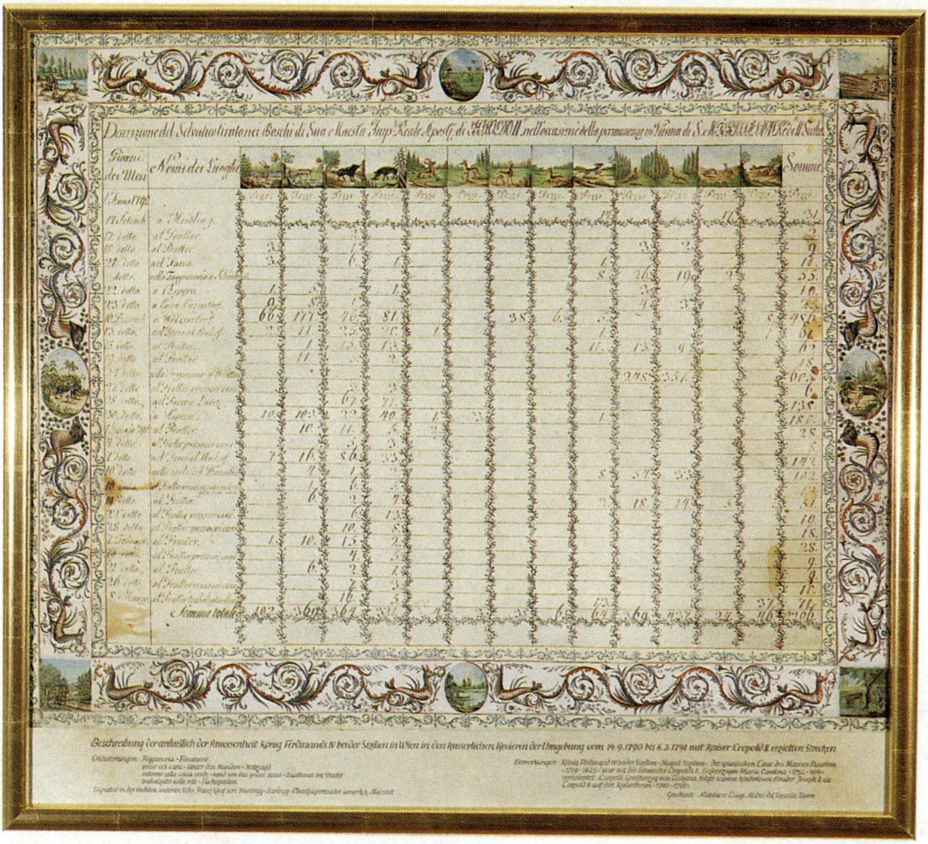

Die Jagd, welche in Gegenwart Sr. Sicil. Maj. Ferdinand IV. im Prater bey dem Lusthaus am 16ten Janer 1791 gegeben wurde

Die Regiments-Saujagd

1943, Frankreich. Das Telefon läutet. Ich melde mich; auf der Gegenseite der Jagdoffizier des Regimentes. Hallo! In drei Tagen findet im Wald von Chateauneuf bei Chartres eine große Treibjagd auf Sauen statt. Mit Ihrer Mitwirkung wird bestimmt gerechnet; die Genehmigung des Abteilungskommandeurs liegt vor.

Drei Tage und Nächte hatte es geregnet und gestürmt, noch um vier Uhr früh, als ich mich zum Abmarsch zum Sammelplatz fertigmache, hatte es gegossen. Als ich vor die Unterkunft trete und besorgt den Himmel betrachte, ist dieser rein und klar und die Sterne leuchten. Vielleicht haben wir doch Glück mit dem Wetter.

Alle zünftigen Jäger des Regimentes waren aufgeboten: acht Schützen, darunter vier erfahrene Hochwildjäger, ein guter Deutsch-Langhaar und zwanzig Treiber fanden sich am Sammelplatz ein.

Als wir nach längerer Fahrt im Revier eintreffen, da war der Himmel blau, die Sonne lachte, und der Wind hatte sich gelegt. Idealer konnte man sich das Wetter nicht wünschen. Es war so mild, daß man vergessen konnte, daß wir Ende Januar schrieben. Schnee in Mittelfrankreich ist so selten, daß man mit ihm bei Saujagden nicht rechnen kann.

Der Wald von Chateauneuf besteht in der Hauptsache aus

Ein seltenes Jagddokument
J. H. Loeschenkohl, die Hetzjagd beim Lusthaus vom 16. 1. 1790

dicksten Eichendickungen und auch die wenigen Abteilungen, die man als Hochwald ansprechen könnte, zeichnen sich durch starken Unterwuchs aus, im besonderen durch den in Frankreich so häufigen hohen Adlerfarn, der mangels Schneefall selbst im Januar noch nicht niedergebrochen ist. Neben ganz geringen Vorkommen von Hoch- und Rehwild zieht dort hauptsächlich das Schwarzwild seine Fährte, und der Fuchs ist häufig zu spüren.

Schon im ersten Treiben ertönt der Ruf: „Sau nach vorn." Wie elektrisiert doch dieser Ruf! Schärfer lauscht das Ohr, fester packt die Hand den Drilling. Nun knallt es auch schon bei meinem Nachbarn. Ob die Sau liegt? Jetzt sind die Treiber heraus. Der Schuß galt einem gefehlten Fuchs.

Im nächsten Treiben will ein Schnepf vor mir einfallen, fast am Boden eräugt er mich und reißt sich entsetzt herum, ich aber kann nicht schießen, weil er gerade in der Richtung auf meinen Nachbarn abstreicht.

Der dritte Trieb gibt zu Hoffnungen Anlaß. Eine große, verfilzte Dickung, wo immer Sauen stecken, und schon voriges Jahr ein guter Keiler fiel, wird jetzt genommen. Heute stehe ich an diesem Wechsel. Schon hört man die Treiber nahe, zwei Hasen und zwei Kaninchen sind vorbeigehoppelt, aber keine Sau ist in der Front vor die Schützen gekommen. Das Gestrüpp vor mir ist so dicht, daß ich kaum zwanzig Schritt weit hineinsehen kann. Plötzlich wird es vor mir dunkel, und ein mittlerer Keiler schiebt sich lautlos auf dem Wechsel vor. Mein Korn steht mitten drauf, im Schuß fährt der Keiler zusammen und prasselt in rasender Flucht durch den Bestand, überfällt die Schneise und verschwindet in der Nachbardickung. Der herangeholte Hund verweist nur wenig Wildbretschweiß, was mir nicht gefallen will. Hat es die Kugel im dicken Zeug verschlagen? Zweihundert Schritt hält der Hund noch die Fährte, dann hört der Schweiß auf, der Hund faselt und muß abgetragen werden. Die Sau kommt leider nicht zustande.

Bis zum späten Mittag verläuft die Jagd erfolglos, die Treiber bringen auch die angeschweißte Sau nicht vor die Schützen, nur ein Fuchs fällt. Im letzten Trieb war mir ein Fuchs spitz gekommen, hatte mich aber vorzeitig weggekriegt und war umgeschla-

gen; ein nachgeworfener Schnappschuß sitzt in einem Bäumchen, das total zerfetzt ist.

Inzwischen ist am vorbestimmten Platz Eintopf und Kaffee über Lagerfeuer heiß gemacht worden, und die dampfenden Kessel warten auf die hungrigen Jäger. Auch der Regimentskommandeur, selbst kein Jäger, hat sich in Erwartung einer am Spieß gebratenen Sauleber eingefunden und gießt enttäuscht eine Schale seines Spottes über den vom Pech verfolgten Jagdleiter. Wir rasten nur kurz, wir wollen doch noch ein paar Schwarzkittel auf die Schwarte legen.

Gleich im nächsten Trieb knallt es heftig, eine Sau wechselt mehrfach beschossen in das Nachbartreiben. Da der lezte Schütze, der Jagdleiter, ein passionierter wie phantasievoller junger Oberleutnant aus dem Rheinland, behauptet, bestimmt getroffen zu haben, wird der Hund angesetzt, dessen Verhalten jedoch für das Gegenteil spricht.

Nun wird die große Dickung, in die die Sau eingewechselt ist, umstellt. Ich stehe wieder ganz im Dicken an einem Wechsel, wo ich hoffe zu Schuß zu kommen. Es wird abend und das ist der letzte Trieb. Die Treiber treiben diesmal laut, mit viel Geschrei. „Achtung! Sauen nach vorn, Sauen nach rechts, Sauen nach links!“ Da scheint ja allerhand drin zu sein. Nun schießt mein rechter Nachbar, der Jagdleiter; auf den Schuß ertönt ein helles kreischendes Klagen, das in einem dumpfen Grunzen verröchelt, dann fällt noch ein Schuß.

Es ist schon verflixt dunkel in der Dickung vor mir. Da! Ein schwarzer Schemen erscheint plötzlich rechts vor mir, ein zweiter, ein dritter und noch einer. Eine Rotte von vier Sauen strebt im Troll auf dem Wechsel nach vorne. Schuß auf die erste, die sofort hochflüchtig wird, und Schuß auf die vierte, ein stärkeres, sehr dunkles Stück, einen Keiler, der stark zeichnet. Und nun geht auf allen Seiten eine tolle Knallerei los, die Treiber brüllen, wobei wohl auch ein bißchen Angst mitspielt. Dann ist es mit einem Mal still, und es ertönt das Signal „abgeblasen“.

Ich gehe zum Anschuß, wo ich hellroten Schweiß finde und folge der Fährte, die leicht zu halten ist, denn der Schweiß ist wie mit Kannen gegossen; nach etwa 50 Schritt liegt der Überläu-

fer-Keiler, in der Flucht zusammengebrochen. Die übrigen drei Sauen, darunter die zuerst von mir beschossene, waren hochflüchtig dem linken Nachbarschützen gekommen, der zudem auf größere Entfernung schießen mußte. Die Nachsuche mit dem Hund ergab, daß keine etwas abbekommen hatte.

Am linken Flügel war noch eine stärkere Bache gefallen und ein Fuchs erlegt worden. Der letzte Trieb hatte geklappt.

Als wir in der Dämmerung zum Lagerplatz zurückgingen, je vier Mann eine Sau auf Stangen geschultert, zwei den Fuchs tragend, dahinter die Schützen, da kam mir unwillkürlich der Jagdzug aus Wagners „Götterdämmerung“ in den Sinn.

Neben dem Lagerfeuer haben wir dann Strecke gelegt, — drei Sauen und zwei Füchse — und im Schein der lodernden Flammen erklang vor angetretener Treiberwehr als sinnvoller Abschluß im fremden Wald nach deutschen Jägerbrauch der Hornruf „Sau tot“, „Fuchs tot“ und „Jagd vorbei“.

Im Laufe der Treibjagd waren unsere Treiber auf einen Kessel mit sieben bestenfalls drei Tage alten Frischlingen gestoßen, ganz ungewöhnlich im November, und hatten sie in einer Zeltbahn vereinnahmt. Da sie sich wie üblich drückten, konnte man sie leicht aufnehmen. Sie wurden also mitgenommen. Zu ihrer Ernährung wurde eine dicke Wurst mit sieben Zitzen konstruiert, gelocht und mit warmer verdünnter Milch gefüllt, die die Muttermilch zu ersetzen hatte. Acht Tage ging alles gut und die Frischlinge gediehen, am neunten in der Früh waren fünf verendet. Irgendein Ernährungsfehler war unterlaufen. Übrig blieben nur die zwei stärksten; es waren Keiler. Die gediehen weiterhin prächtig, wurden völlig zahm. Max und Moritz, so wurden sie getauft, folgten ihrem Ernährer wie kleine Hunde und hörten auf den Namen. Max verunglückte irgendwie nach Jahresfrist, Moritz wanderte anläßlich des Rückzuges aus Frankreich in den Bratofen.

Elchjagd in Schweden

Schon immer zog es mich nach Skandinavien, die Elchjagd hatte es mir angetan. Über einen Jagdvermittler buchte ich in der Zeit vom 17. bis 21. Oktober die Teilnahme an einer mehrtägigen Treibjagd in Tandsjöborg, einem kleinen Dorf in Dalarna. Der Tandsee liegt an der Grenze zum benachbarten Herjedalen. Von Stockholm fährt man auf eingleisiger Strecke viele Stunden durch prachtvolle Wälder nach Nordwest, bis der Zug endlich an einer kleinen Station hält; 350 km — wir sind endlich in Tandsjoborg; tand heißt Zahn, sjö See, borg Burg, also „Zahnseeburg".

Wir sind avisiert und werden von einem Mitglied der Jagdgenossenschaft, einem blonden, mittelalterlichen Hünen, erwartet. Wir, meine Frau und ich, werden auch bei ihm in seinem blitzsauberen Häuschen wohnen.

Die Verständigung ist zunächst schwierig, zumal die Leute Dialekt reden und die Wörterbuchsprache nicht verstehen, doch bald hat besonders meine sehr sprachbegabte Frau den Anschluß gefunden.

Die Verpflegung ist landesüblich, das heißt Elchfleisch, das gekocht wie Rindfleisch schmeckt, in allen Gangarten, gebacken, gegrillt, geräuchert. Das Brot ist süß, bestenfalls ungesalzen.

In der Früh versammelt sich die Jagdgesellschaft, das sind die jagdberechtigten Dorfgenossen und drei ausländische Gäste. Alle Schweden sind ausnehmend freundlich, nur der Dorfgendarm ist sehr zurückhaltend. Da wir Deutsch sprechen, fallen wir in denselben Topf wie die beiden bundesdeutschen Teilnehmer.

Das Revier ist 12 000 ha groß mit einem Bestand von 70 Elchen, davon etwa 30 Hirsche. Hier sieht man schon, daß viel Waidmannsheil dazugehört, daß der Elch im Treiben dort kommt, wo man steht.

Jeden Tag ein Treiben, acht Tage lang, weil mangels erfüllten Abschuß die Jagdperiode verlängert wird. Zwanzig Schützen (Ca-

fetier, Gendarm, Gemischtwarenhändler, Fuhrwerksbesitzer, Lehrer, Forstarbeiter) alle Jagdberechtigten des Dorfes und die Gäste.

Der ausländische Jäger wird bevorzugt behandelt und erhält die besten Stände, während der Rest verlost wird. Aber es hat niemand in der Hand, welchen Wechsel schließlich der Elch vor dem Hund annimmt. Getrieben wird nämlich mit geschnallten Elchhunden, einer Art Wolfsspitz. Es ist sehr aufregend und spannend, wenn man das Geläut der Hunde hört und nun lauscht, wo es hingeht.

Man steht stundenlang, meist mindestens acht Stunden, am selben Fleck, mal mit weiterem, mal mit weniger Ausblick. Die ersten zwei Tage fiel kein Schuß, am dritten schoß mein Nachbar einen schwachen Achter.

Geschossen wird jeder Hirsch, denn es geht primär ums Wildbret, das dann unter den Jagdgenossen verteilt wird. In den acht Tagen fielen dann ein kapitaler Sechzehnender, ein starker Zehner und zwei Kühe. Streng beobachtet wird die Regel „Kalb vor Kuh“.

Das Wild wird an Ort und Stelle aus der Decke geschlagen und zerwirkt. Das Herz ist so groß wie ein Kinderkopf. Man erspart sich tunlichst die Mühe, dieses riesige Wild aus dem unwegsamen Gelände herauszubringen.

Die Landschaft besteht aus endlosen dunklen Tannen-, Fichten- und Föhrenwäldern, Mooren und Moosen, großen und kleinen Seen. Alles ist hier größer als zu Hause, die Bäume, die Pflanzen, die Tiere, schon der Auerhahn, der gemächlich auf der Straße spaziert.

Meist fuhr man im Auto auf guten Waldstraßen zum Stand, selten ging man mehr als 20 Minuten zu seinem Platz, an dem man sich ein leise brennendes Feuer macht, denn der Elch ist den Rauch der Holzfäller gewohnt, welcher überdies den menschlichen Mief überdeckt.

Zunächst hatten wir schönes, trockenes Wetter — die lange Trockenperiode hatte selbst diese sonst triefnasse Landschaft fast ausgedörrt, und es gab schon Wassernot — dann Regen, schließlich die beiden letzten Tage Schnee bis zur halben Wade.

Am vorletzten Tag schien es, als wollte es doch noch klappen. Der Hund kam nach dem Geläut zu schließen direkt auf uns zu. Ich stand im vorsorglich mitgenommenen Schneehemd auf einem großen Schlag, umgeben von Hochwald und einer hohen Fichtendickung. Die obere Begrenzung des Schlages war Hochwald, die aber so weit überriegelt war, daß man nicht in ihn hineinsehen konnte. Dem Geläut nach mußte der Elch gerade auf mich zukommen. Nun sollte er am Waldrand erscheinen. Die Spannung wird unterträglich. Er wich aber aus und nahm die links von mir liegende Fichtendickung an, die bis zur Straße hinunter führte, wo er dieselbe überfiel. Dort fanden wir dann seine kapitale Fährte. Der Nachbarschütze sah ihn einen Augenblick sehr weit, es soll ein starker Hirsch gewesen sein.

Am letzten Tag standen wir bei Schneesturm an einem Hauptwechsel mit frischen Fährten. Da! Eine graue Bewegung — der Elch kommt lautlos, wenn nicht der Hund dahinter ist — das Herz schlägt bis zum Hals, dann aber ist es ein Hund, der still auf der Fährte daherkommt. Ich war nicht allzu enttäuscht, weil man mich auf diese Möglichkeit vorbereitet hatte. In freier Wildbahn haben wir also überhaupt nichts gesehen, dennoch war diese Unternehmung ein großartiges Erlebnis.

Als wir auf der Anfahrt in Stockholm Halt machten, um die Stadt anzusehen, besichtigten wir auch Skansen, das berühmte Freilandmuseum, wo aus allen schwedischen Landschaften die typischen alten Bauernhäuser aufgestellt sind und in einem kleinen Zoo die in Schweden vorkommende Fauna zu sehen ist, also auch Elche. Ich wollte mir die Größenverhältnisse einmal vorher angesehen haben, wobei ich zu meiner Frau scherzhaft sagte: „Vielleicht sind das die einzigen, die wir zu sehen kriegen." Wie recht ich doch hatte!

Zwei Jahre später versuchte ich es noch einmal in Jämtland. In drei Tagen fiel nur eine Kuh. Waren wir mit dem Flugzeug gekommen, beschlossen wir, nun per Bahn über Oslo heimzureisen. Über das Dovrefjell, nun in herbstlichem Gelb und Rot der Flora prangend, führte nun die Bahn durch das schöne Gulbrandstal, das Sigrid Undset in ihrem Roman Kristin Lavranstochter so anschaulich beschrieben hat, nach Oslo. Dort besich-

tigten wir die Kontiki und die Fram und schifften uns schließlich auf der Fähre „König Christian“ ein, die uns durch den Oslofjord nach Kiel führen sollte. Im Fjord war es windstill und friedlich, aber als wir zu seiner Mündung in das Kattegatt kamen, blies uns ein heftiger Sturm entgegen, worauf sich meine Frau in die Kabine begab und ins Bett legte. Vorher hatte sie ihren Schmuck leichtsinnig auf den Tisch gelegt, statt ihn in einem pigeon hole genannten Loch aufzubewahren. Als ich später nachkam, beklagte sie den Verlust eines wertvollen Saphirringes, den sie nicht finden könne. Die Fähre stampfte und rollte beträchtlich, jetzt in der Nacht hatte eine Suche wenig Sinn, ich sparte sie für den Morgen auf. Dann würde auch im Windschutz von Jütland die Fahrt ruhig sein. Ich ließ dann die Stewardeß kommen und suchte mit ihr alle möglichen Ritzen ab, völlig erfolglos. Das Bett hatte zwei Ausnehmungen, die als Handgriffe gedacht waren, um das Bett aufheben zu können. Nach langem Nachdenken kam ich auf die Idee, der Ring müßte beim Fall auf den Boden hoch- und durch dieses Loch hineingsprungen sein. Das Bett war aber verschraubt. Also verlangte ich vom ersten Offizier den Schiffszimmermann. Der Norweger war höchst unfreundlich, er hielt wohl das ganze für einen Betrugsversuch, schließlich aber ließ er doch den Mann kommen, welcher nun die Schrauben löste. Der Ring lag dann wirklich dort, wo ich ihn letztlich vermutet hatte.

Als letzte gingen wir von Bord, denn wir waren in der Zwischenzeit in Kiel eingelaufen.

Ein seltenes Jagddokument

Am 19. September 1790 fand in Wien die feierliche Trauung der beiden ältesten Söhne Kaiser Leopold II., des 22jährigen Erzherzogs Franz, des späteren Kaiser Franz II. (I.) und seines um ein Jahr jüngeren Bruders Ferdinand III., Großherzog von Toskana, mit den beiden ältesten Töchtern König Ferdinand IV. beider Sizilien und dessen Gemahlin Maria Carolina, einer Schwester des Kaisers, Maria Theresia und Maria Carolina, statt. Wie üblich gab es bei einem solchen Anlaß Bälle, Auffahrten, Theateraufführungen, Lustbarkeiten aller Art und natürlich auch — man lebte ja im ausklingenden Barock — fürstliche Jagden barocken Stils.

Über diese berichtet ein im Auftrag des kaiserlichen Oberjägermeisters Graf Franz de Paula Hardegg in italienischer Sprache angefertigtes 95 × 83 cm großes Dokument. Auf Pergament gemalt, sind die Jagdtage, die kaiserlichen Reviere um Wien und die Strecken angegeben, die anläßlich der Anwesenheit des Königs in Wien zu vermerken waren, trägt es ja auch die Überschrift: Descrizione del Salviatico tirato nei Boschi de Sua Maesta Imp. Reale Apost. di Leopoldo II. nell' occasione della permanenza in Vienna de SMR Ferdinand IV Re dell' E Sicilie."

Der Text ist umrahmt von einer bunten, mit stilisierten Fabeltieren geschmückten Bordüre, in die acht 6 × 6 cm große in Öl gemalte Vignetten eingefügt sind, welche jagdliche Szenen wiedergeben: Hirschhatz zu Pferd, Entenjagd am Einfall, Erlegung eines Keilers mit der Saufeder, Pirsch auf den Hirsch, Entenjagd vom Kahn aus, zwei Jäger mit Hunden, Hunde stellen einen Keiler.

Statt das gejagte Wild namentlich zu benennen, sind dreizehn ebenfalls in Öl gemalte Vignetten gewählt: Hirsch, Tier, Keiler, Bache, Damhirsch, Damtier, Rehbock, Rehgais, Hase, Fasanhahn, Fasanhenne, Gänse, Füchse.

Zwischen 14. September 1790 und 8. März 1791 fanden 27

verschiedene Jagden statt: Gejagt wurde unter anderem in Meidling, Lainz, Wolkersdorf, besonders häufig im Prater.

Wir finden auch die verschiedensten Jagdarten verzeichnet. So läßt die hohe Strecke von 486 Stück Hochwild aller Art, besonders aber von Rot- und Schwarzwild in Wolkersdorf, auf ein für die Barockzeit typisches „eingestelltes Jagen" schließen, wobei das vorsorglich eingetriebene Wild schließlich in der sogenannten Kammer vom Fürstenstand aus zusammengeschossen wurde. In der Fasanerie Meidling wurden 605 Fasanen erlegt.

Am 16. Jänner 1790 ist vermerkt: „presso coi cani in torno della casa verde". Johann Hieronymus Loeschenkohl, ein zeitgenössicher Kupferstecher, Maler und Verleger, der immer wieder Zeitereignisse und lokale Aktualitäten in Holzschnitt und Kupferstich festgehalten und damit heute noch begehrte Kulturdokumente geschaffen hat, hat diese Hetzjagd mit Hunden rund um das kürzlich erst von Canavale neu gebaute Lusthaus in einem bunten Bild, dessen Original sich im Besitz des historischen Museums der Stadt Wien befindet, wiedergegeben. Demnach hat es sich hier um eine Unterhaltung für die im Lusthaus versammelten hohen Herrschaften gehandelt.

Auch bei dem am 8. März 1791 veranstalteten Fuchsprellen im Prater (trabalzato colle reti), bei dem 37 Füchse zu Tode kamen, haben sicherlich die Majestäten zugesehen. Auch dieses Fuchsprellen ist ein typisches und anwiderndes Jagdvergnügen der Renaissance und speziell des Barock. Eingefangene Füchse wurden vom Jagdpersonal in Anwesenheit der Jagdherrschaften so lange mit einem Netz in die Höhe geschupft, bis sie vor Erschöpfung verendeten oder von den Hunden abgewürgt wurden. Insgesamt wurden 2 206 Stück Wild zur Strecke gebracht.

Diese „Descrizione" gibt also genauen Aufschluß über die Jagdbräuche des ausgehenden 18. Jahrhunderts und hat in ihrer Einmaligkeit hohen Seltenheitswert. Sie befand sich im Besitz von Marchese Luigi Medici del Vacello, Turin, dem Vorsitzenden der italienischen Delegation des internationalen Jagdrates (CIC), welcher sie bei einem Mailänder Antiquar vor Jahren erwarb.

Als der Verwaltungsrat des CIC 1973 über Einladung der ita-

lienischen Delegation in Turin seine Sitzung abhielt, an der ich als Vorsitzender der österreichischen Delegation teilnahm, wurden wir vom Marchese Medici auf seinem prachtvollen Besitz „La Mandria" empfangen. Dieser Besitz, bestehend aus Schloß und einem ummauerten riesigen Park nebst einem berühmten Ententeich für hochsommerliche Jagden, war den Medici, wie ihre als Großherzöge der Toskana im 18. Jahrhundert ausgestorbenen Namensvettern Banker von König Viktor Emanuel II., an Zahlungsstatt für ihre Finanzhilfe im Risorgimento übereignet worden. Im Schloß befand sich u. a. eine Reihe kleiner Ölgemälde, die Schlachten zwischen 1859 und 1866 darstellten, darunter die berühmte Begegnung Garibaldis mit dem König, eine in französischer Boiserie gestaltete Bibliothek mit einer einmaligen Sammlung von Jagdbüchern in italienischer, französischer, englischer und deutscher Sprache. In ihr waren auf einem Tisch kostbare Pulverhörner zu sehen und unter einer Glasplatte das vorgeschilderte Dokument, das ich mit höchster Bewunderung betrachtete, ohne zu ahnen, daß es einmal in Hohenbrunn prangen würde. Ursprünglich lag La Mandria westlich des damaligen Turin. In den folgenden hundertzwanzig Jahren wuchs die Stadt jedoch in die Breite, sodaß schließlich der Besitz die Ausdehnung der Stadt nach Westen behinderte. Daher enteignete der kommunistische Stadtrat von Turin 1979 den Marchese, welcher nun daran ging, seine Sammlungen aufzulösen. Als mir das zu Ohren kam, bat ich ihn, mir dieses seltene Dokument zu verkaufen. Großzügig wie er war, machte er es Hohenbrunn zum Geschenk.

Auf Sauen in den Ardennen

Ist man länger Mitglied des Internationalen Jagdrates (CIC), so ergeben sich zwangsläufig Beziehungen zu den Mitgliedern der verschiedenen, besonders der westlichen Delegationen. Es erwachsen Freundschaften und mit ihnen auch Jagdeinladungen.

So erhielt ich im November 1981 eine Einladung zu den Treibjagden auf Sauen in den Ardennen seitens des Grafen Gobelet d'Alviela. Wir, meine Frau und ich, fuhren zunächst nach Brüssel, wo wir abgeholt und auf sein etwa eine Autostunde entferntes Schloß Cour St. Etienne gebracht wurden, wo übernachtet wurde. Von dort fuhr man zeitig früh dann in die Waldberge der Ardennen, wo die Gobelets in Marcourt ein reizendes Sommerhaus besaßen, von dem aus dann die zweitägige Treibjagd zu je zwei Treiben ihren Anfang nahm. In diesem Sommerhaus besaß die Gräfin, aufgebaut am Kaminsims und an anderen Stellen, eine seltene Sammlung von unzähligen Wildschweinen aus Porzellan von den kostbarsten Stücken berühmter Manufakturen bis zu fast schon zum Kitsch zählenden Darstellungen. Es gelang mir, mit einem Stück aus Herend ihre Sammlung zu bereichern.

Die Jagd war hervorragend vorbereitet. Jeder Schütze erhielt einen Revierplan, in dem die Treiben und seine Stände eingezeichnet, alle einzuhaltenden Sicherheitsmaßnahmen aufgezeichnet waren. An den Zufahrten zum Revier waren Warnungstafeln aufgestellt. In einigen Revierteilen waren bestimmte Zonen, in die nicht hineingeschossen werden durfte, besonders gekennzeichnet. Alles war bestens organisiert, nur das Wetter spielte nicht mit. Es gab kaum Schnee, aber dafür ein teuflisches Glatteis.

Geschossen wurde weibliches Rehwild, von Rotwild Gabler und ungerade Zehner. Tiere und Kälber, Sauen, aber nur ein Schwein über 50 kg pro Schützen.

Um neun Uhr war die Aufstellung der 24 Schützen beendet.

Ich hatte einen Stand an einem Eck eines Stangenholzes in einer mäßig steilen Lehne, links unter mir stand die Gräfin Gobelet. Mein Platz war am Ende einer Zone, in die nicht hineingeschossen werden durfte. Es dauerte nicht lange, da kamen drei Frischlinge ganz langsam angewechselt und blieben unter mir, noch in der verbotenen Zone stehen und sicherten. Es wäre zu bequem gewesen! Zudem erstickt die Nähe meiner schönen Nachbarin jede Versuchung. Nun aber wird es hier spannend! Dann aber wurden sie plötzlich sehr schnell, ich konnte zunächst nicht schießen, ohne meine Nachbarin zu gefährden, bis sie schließlich frei waren, waren sie schon weit zwischen den Bäumen, mein Schuß ging daneben, die Gräfin kam überhaupt nicht zu Schuß.

Es war der einzige Anblick, den ich an diesem Tage hatte. Im zweiten Trieb, nach einem opulenten Jagdfrühstück am offenen Feuer, kam mir nur ein noch aufhabender Rehbock. Auf der Strecke lagen insgesamt nur zwei Frischlinge.

Am nächsten Tag gab es wieder zwei Triebe, ich hatte überhaupt keinen Anblick, aber die Spannung hielt den ganzen Tag an, manchmal ließ sie nach, nach jedem Schuß, den man hört, steigt sie wieder an, jedes Geräusch alarmiert. In meiner Erinnerung war auch die Strecke des zweiten Tages gering, obwohl die Belgier, auch die Damen, alles brillante Schützen sind. Die Triebe waren alle wie üblich sehr weitläufig.

Die ganze Unternehmung war ein Erlebnis, mit allem Drum und Dran, ein kaum bekanntes Land, viele interessante Menschen, viele Eindrücke im Rahmen der dunkelgrünen Tannenwälder der Ardennen. Ich denke immer gern daran zurück.

Gedanken über die Jagd

Viele, zum Teil Berufenere, zum Teil aus ihrer Stellung her zur Aussage Berechtigtere, haben zu diesem Thema das Wort ergriffen. Dennoch sei auch mir gestattet, mich zu diesem Thema zu äußern.

Schon eingangs sei festgehalten, daß die Jagd im deutschen Raum und in den Ländern der ehemaligen österr.-ungar. Monarchie nach anderen Bräuchen und Traditionen ausgeübt wird als beispielsweise in den romanischen Ländern.

Ich packe es einmal aus unserer Sicht Einzeljagd-Gesellschaftsjagd an. Die Einzeljagd, also Pirsch oder Ansitz, scheint mir in allererster Linie Jagd zu sein. Es ist primär die Jagd mit der Büchse, die Jagd auf Schalenwild, Hahn oder Fuchs. Im Alleingang oder in Begleitung eines unserer hervorragenden ortskundigen Berufsjäger, was für den revierfremden Jagdgast verpflichtend ist, also die Pirsch. Er kann auch mit genauer Anweisung an einem bestimmten Ansitz-Platz abgesetzt und wieder abgeholt werden.

Ist der Ansitz vor allem für ältere und alte Herren eine bevorzugte Jagdart, so gebührt doch der Pirsch die Krone. Hier wird dem Jäger alles Können abverlangt, muß er sich doch gegen die feinen Sinne des Wildes behaupten. Allerdings wird der Ansitz dort immer erfolgen müssen, wo man pirschend keine Chance hat.

Daneben sei aber auch noch die Suche, das Buschieren mit einem guten Hund, mit der Flinte im Alleingang erwähnt, die großes Können verlangt und hohe Befriedigung bietet.

Der Ansitz gibt die beste Gelegenheit zur Beobachtung des Wildes, zum Ansprechen der einzelnen Stücke, für einen ruhigen gezielten Schuß, zum Genuß der morgendlichen oder abendlichen Stimmung, zu Rückblick und Ausblick. Zum Ansitz gehört entweder ein gut verblendeter, gedeckt zu erreichender

Bodensitz oder eine Leiter bzw. gedeckte Kanzel. Diese sollen in ihrer Bauart möglichst sinnvoll in die Landschaft eingepaßt sein. Ausgediente Personenkraftwagen zum Beispiel sind unwaidmännisch und beleidigen obendrein das Auge.

In einem niederösterreichischen Revier bei Pernitz gab es einen heimlichen Schlag, der von einem Bodensitz im unteren Drittel beherrscht wurde. Pirschend war dort nichts zu machen, der Wildwechsel führte ganz oben im obersten Drittel über den Schlag. Es war im Dezember, es lag Schnee, der Jagdherr, der eine Reise nach Ägypten angetreten hatte, hatte mir noblerweise den Abschuß des noch zu erlegenden Ib Hirsches freigegeben. So bezogen der Revierjäger und ich den Stand noch in finsterer Nacht. Im Neuschnee stieg man lautlos, und bald hatten wir das gut verkleidete Bankerl erreicht und richteten uns häuslich ein.

Es war nur mäßig kalt und windstill. Allmählich wurde es heller. Der Hirsch sollte von links aus dem angrenzenden Hochwald kommen. Immer wieder sucht das Glas den Waldrand ab. Nichts. Aber jetzt! War da nicht eine Bewegung im Stangenholz. Ja! Und schon schiebt sich ein Wildkörper heraus, der Hirsch, ein Eissproßzehner vom 7.—8. Kopf, zieht langsam in den Schlag herein. Ich habe ihn längst im Fernrohr, der rechte Arm stützt sich auf einen zwischen Rück- und Vorderwand eingeklemmten Prügel. Zweihundert Schritt sind es schon bis da hinauf. Ich röhre den Hirsch an, der sofort verhofft und breit wie er steht, trifft ihn mein Geschoß, läßt ihn am Fleck zusammenbrechen.

In der Bundesrepublik Deutschland, in Hessen, haben verbrecherische Chaoten einen Antijagd-Verein gegründet, der systematisch alle Hochstände zerstört und schon Schaden von über

Links oben: Der Hirsch zum 80. Geburtstag
Rechts oben: Der Rehbock von Maria Luggau
Links unten: Die Kokaserhütte
Rechts unten: Die Sulzwiesenhütte

100.000,— DM angerichtet hat. So weit sind wir in Österreich gottlob noch nicht, wohl nicht zuletzt deshalb, weil auf 7,5 Millionen Einwohner über 100.000 Jäger kommen, wovon 66 Prozent Landwirte und Unselbständige sind, während in der BRD 44 Millionen Einwohnern nur 240.000 Jäger gegenüberstehen.

Die Einzeljagd ist vielmehr durch Touristen, die von den markierten Wegen abweichen und in die Dickungen, den Einstand des Wildes, eindringen, durch Schwammerlsucher, Mountainbikefahrer, Drachenflieger, Tiefschneefahrer usw. gestört, denn durch böswillige „Tierschützer“.

Es ist den Jagdgegnern, die in ihrer Mehrheit unwissend, dafür aber emotionell veranlagt sind, nur schwer klar zu machen, daß Jagd, abgesehen davon, daß sie dem Jäger Freude bereitet, eine Notwendigkeit bedeutet. Würde das Wild nicht bejagt, so würde es sich unvermindert weiter vermehren, größten Schaden in Wald und Flur verursachen und in seiner Menge degenerierend und an Krankheiten zugrundegehen.

Im Schweizer Kanton Genf hat man mittels Gesetz die Jagd abgeschafft und die Bejagung eigenen, von der Regierung zu bezahlenden Wildhütern übertragen, die mit der Kurzhaltung des in den Weinbergen zu Schaden gehenden Wildes nicht fertig werden, während auf der anderen Seite Jagdscheingebühren, Pachterlöse und Waffen- sowie Patronenverkäufe entfallen. Im Schweizer Kanton Wallis, wo die Jagdgegner dasselbe vesuchen, erlitten sie bei der Abstimmung eine zünftige Abfuhr.

Die jagdfeindliche Stimmung breitet sich leider aus. In Frankreich liegt die Filmschauspielerin Brigitte Bardot im Clinch mit 1 Million Jägern. In Italien, das auch über 1 Million Jäger zählt, toben ebenfalls erbitterte Kämpfe. Vor kurzem erreichte das Referen-

Links oben: Moro
Rechts oben: Arko
Unten: Engel mit Troll

dum zur Abschaffung der Jagd nicht die notwendige Stimmenzahl. Hierzu muß man aber eingestehen, daß die Jagdmethoden sich durchaus nicht mit unseren strengen Auffassungen decken, daher auch Anlaß zur Kritik geben, man denke an die Singvogeljagd.

Auslösend für die Jagdfeindlichkeit ist aber, und das muß zugegeben werden, die Gesellschaftsjagd, und zwar jene mit der Flinte. Objekt der herbstlichen Treibjagden sind in erster Linie Hase und Fasan; das Rebhuhn hat durch Biotopveränderungen solche Verluste hinnehmen müssen, daß es kaum mehr bejagt werden kann.

Auch Hase und Fasan sind Wildtiere, die in freier Wildbahn mehr oder weniger häufig vorkommen. Ihre Zahl unter Bedachtnahme auf den zu erhaltenden Reproduktionsbestand zu nutzen ist legitim. Hier fällt auch gesamt-österreichisch gesehen ein bedeutender Nahrungszuschuß an, im übrigen auch beim Schalenwild — insgesamt 9,000.000,— kg Wildbret im Werte von öS 185,000.000 — (Statistik 1989).

Nicht zu akzeptieren sind die sogenannten „Kistelfasanen oder -enten", die künstlich aufgezogen, kaum fluggewohnt, gesetzwidrig erst kurz vor der angesetzten Treibjagd ausgesetzt werden. Hier ist Kritik berechtigt. Diese Methoden werden aber von der Jägerschaft als unwaidmännisch strikt abgelehnt.

Die Treibjagd ist sicher eine Art Schießsport, der nur akzeptabel ist, wenn er in jagdlicher Tradition und diszipliniert und mit brauchbaren Hunden abläuft.

Ich habe zwei Jahrzehnte hindurch bei den St. Florianer Herbstjagden mitjagen dürfen. Die vorbildliche Leitung, der Disziplin der Teilnehmer sei hier ehrend gedacht.

Es gibt aber noch eine andere Gesellschaftsjagd, das Riegeln auf Hochwild. Sie ist meist mit geringen Strecken gesegnet, weil das Wild doch viele Möglichkeiten hat, sich zu drücken, entbehrt aber nicht des Reizes.

In Spanien jagt man wieder anders, hier wird abgesehen von der Brunft, in der, wie bei uns, gejagt wird, unser stiller Riegler mit wenigen Treibern durch die Monteria mit hunderten von weißen, gelben, weißgelben Hunden, den sogenannten Podencos, ersetzt. Hiebei werden riesige Triebe von den Schützen um-

stellt, die Meuten werden von den Hundeführern mit Hornruf gesteuert von vier Seiten angesetzt, wobei die Hunde stumm jagen und nur kranke, d. h. angeschossene Stücke hetzen. Eine uns völlig ungewohnte, aber faszinierende Art zu jagen, die zu großen Strecken führt. Ich hatte das Glück, zweimal an einer solchen teilzunehmen, ich habe darüber in meinem Buch „Diana war mir nicht immer hold" berichtet.

Ist für uns Jäger im deutschen Sprachraum und den Ländern der ehemaligen k. u. k. Monarchie die Jagd auf den Rehbock und den Rothirsch in der Brunft das höchste Erlebnis, so lehnen die Skandinavier, insbesondere die Schweden und Norweger, die Jagd zur Balz- und Brunftzeit ab, sie schießen z. B. die Tetraonen im Winter vor dem Hund von den Bäumen.

In der letzten Zeit ist die österreichische Jägerschaft zur Einsicht gekommen, daß sie aus der Defensive heraustreten und mit dem Gegner ins Gespräch kommen muß. Die überwiegende Mehrzahl der Österreicher ist ja nicht jagdfeindlich, aber mehr oder weniger unwissend, worum es geht.

Unkorrektes oder patziges Benehmen eines einzelnen schadet mehr, als zehn ehrliche Waidmänner gutmachen können. Verstöße gegen jagdliches Verhalten und Brauchtum sind in erster Linie bei Neureichen zu finden.

Leider greift die Boulevardpresse immer wieder irgendwelche kritisierbaren Vorfälle auf, die sie dann obendrein entstellt berichtet. So wurde ich einmal in meiner Eigenschaft als Kustos des OÖ. Jagdmuseums Schloß Hohenbrunn bei St. Florian von einem der Jagd nicht freundlich gesinnten Manne angesprochen, der mir einen solchen Vorfall empört vorhielt. Ich recherchierte. Das Ergebnis: Es war alles um hundert Prozent anders, der beschuldigte Jäger vollkommen gerechtfertigt. Meinem Gewährsmann habe ich dann die kritiklose Hinnahme eines Zeitungsberichtes mit harter Kritik meinerseits vorgehalten.

Ein Wort noch zum sogenannten „Trophäenkult". Ursprünglich war die Jagd reine Versorgung mit dem lebenswichtigen Wildbret. Mit fortschreitender Verbesserung der Lebensbedingungen entwickelte sich die Jagd zur Erlegung von Wild mit begehrenswertem Kopfschmuck, der Trophäe. Die Paarzeher tra-

gen nun einmal Geweihe, Krucken oder Hörner. Die Freude an der Trophäe ist fast so alt wie die Jagd. Man hängt sie ja an die Wand, damit ihr Anblick den Erleger immer wieder erfreut. Man muß sich darüber im klaren sein, daß der starke Hirsch, Rehbock oder Gams, Muffel oder Steinbock alt werden muß, bevor „seine Zeit um ist", deshalb werden diese starken Hirsche usw. in unseren heimischen Revieren immer in der Minderzahl und umso begehrter bleiben.

Der erste Rehbock, der erste Hirsch, der erste Gams, werden fast nie stark oder gar kapital sein, aber wie freut sich der Erleger über diese erste, gewiß bescheidene Trophäe. Mit welcher Freude steckt er den ersten Bruch auf seinen Hut!

Neben den guten starken Trophäenträgern gibt es die sogenannten Abschußhirsche (-böcke) usw. Das sind jene, deren Geweih- bzw. Gehörnbildung keine Gewähr bietet, einmal eine gute Trophäe zu werden. Die gute Trophäe ist und bleibt doch das Ziel. Sehr oft sind solche Abschußkandidaten sehr heimlich und ihre dann meist mühsame Erlegung ist ein besonderes Erlebnis und die Freude groß.

Erst die Vermessung führte zum Trophäenkult. Wie auch beispielsweise beim Schisport Hundertstelsekunden den Rang bestimmen, entscheiden Punkte und ihre Bruchteile über den Rang der Trophäe.

So hat der Internationale Jagdrat zur Erhaltung des Wildes Vermessungsformeln geschaffen, welche von einer internationalen Kommission gehandhabt werden. Es gibt die Bewertung nach Punkten, also Aufschluß über die Stärke der Trophäe und damit ein Bild über den internationalen bzw. nationalen Rang des erbeuteten Kopfschmuckes, wobei allerdings festgehalten werden muß, daß es auch Besitzer mit kapitalen Trophäen gibt, die sie nicht zur Vermessung vorlegen, wodurch mitunter eine vermessene Trophäe zu einem Rang kommt, der ihr eigentlich nicht gebührt.

Trophäen, stark und gering, sind Erinnerungs- bzw. Dekorationsstücke, nicht nur in Schlössern und Ansitzen, sondern auch jedes Gasthaus, das etwas auf sich hält, ist mit ihnen geschmückt. Sie sind und bleiben der Stolz ihrer Besitzer.

Der internationale Jagdrat (CIC)

Im Jahre 1930 wurde in Paris der internationale Jagdrat (Conseil international de la Chasse – CIC) von einer kleinen Zahl prominenter europäischer Jäger gegründet, die sich schon damals Gedanken über die weitere Entwicklung der Jagd und der Erhaltung des Wildes machten.

Der zweite Weltkrieg unterbrach diese Bemühungen, sie konnten erst nach Kriegsende wieder aufgenommen werden.

Der CIC ist eine Vereinigung französischen Vereinsrechtes, die sich aus Staaten, Organisationen öffentlichen Rechts, nationalen und internationalen Organisationen und Privatpersonen, die über Erfahrung auf dem Gebiet der Jagd und/oder der Erhaltung des Wildes und seines Lebensraumes verfügen, zusammensetzt, und zwar in folgender Weise:

Jeder Mitgliedstaat wird durch eine Delegation repräsentiert, die aus Staatsmitgliedern, welche den Staat repräsentieren, aus ordentlichen und korrespondierenden Mitgliedern sowie aus Experten besteht.

An der Spitze der Delegation steht der Delegationsführer. Die Zahl der ordentlichen, d. h. in der Generalversammlung des Conseil stimmberechtigten Mitglieder ist mit 25 pro Delegation limitiert, 2 Mitglieder je angefangene Million Einwohner, um zu verhindern, daß Nationen mit mehr als 25 Millionen Einwohnern ein ungebührliches Gewicht erhalten. In Österreich sind die neun Landesjägermeister kraft ihres Amtes und der Generalsekretär der Zentralstelle österreichischer Jagdverbände ordentliche Mitglieder. Auf diese Weise ist die Vertretung der gesamten österreichischen Jägerschaft sichergestellt. Das Bundesministerium für Land- und Forstwirtschaft entsendet einen Vertreter. Die übrigen ordentlichen Mitglieder sind um die Jagd verdiente Einzelpersönlichkeiten. Die Zahl der korrespondierenden Mitglieder ist unbeschränkt, sie unterstützen durch ihre Mitglied-

schaft die Ziele des CIC. Die Experten beteiligen sich als Wissenschaftler oder fachlich an den Arbeiten der Kommission.

Heute zählt der CIC weltweit 67 Mitgliedstaaten. Die Delegationsführer und das Präsidium bilden den Verwaltungsrat.

In Anbetracht der Entwicklung der Verkehrs- und Nachrichtenmittel, welche dem Menschen in Regionen vorzudringen erlauben, die bisher durch ihre Entfernung und Abgelegenheit natürlich geschützt waren, unter Berücksichtigung der Tatsache, daß die Forstentwicklung in Industrie und Landwirtschaft zu Belastungen von Natur und Wild führen, die nur erträglich sind, wenn die Jagdgesetze auf ethischen Werten beruhend den Forderungen des Naturschutzes Rechnung tragen, bekennt sich der CIC zu den nachstehenden Grundsätzen:

Er will die Jagd als verantwortungsvolle Hege und Nutzung des Wildes verstanden wissen. Das Wild ist ein untrennbarer Bestandteil der Natur und damit ein Vermögen, das der Nachwelt erhalten bleiben muß. Es darf nur im Ausmaß des Zuwachses des den Biotopen angepaßten Wildbestandes genutzt werden.

Das Wild kann nur in einer heilen Umwelt gedeihen, deren Erhaltung und Wiederherstellung ist daher ein wichtiges Anliegen der Jagd.

Die Jagd entsprach in ihren Anfängen materiellen Bedürfnissen. Heute kann ihre Aufgabe nur mehr die Erhaltung und sinnvolle Nutzung der Wildbestände unter Berücksichtigung wirtschaftlicher Erkenntnisse sein. Erst dadurch wird die Jagd zeitgemäß.

Bei Ausübung der Jagd bestimmt der Mensch über das Leben des Wildes mit Folgen, die er sich stets vor Augen halten muß.

Die Gesetze und Regeln für die Jagdausübung beruhen vor allem auf jagdlicher Ethik. Ihre Kenntnis muß der Jäger nachweisen können, ehe er jagen darf.

Nur so wird der Jäger zum tatkräftigen Hüter der Natur und aller ihrer Bereiche. Und nur so verstanden und ausgeübt, stellt die Jagd ein bedeutendes kulturelles und wirtschaftliches Element dar. Dann führt sie auch zu internationalen Kontakten und Verbindungen, die geeignet sind, gegenseitiges Verständnis durch die Gemeinsamkeit jagdlicher Ethik herzustellen.

Niemand kann Mitglied des CIC sein, der nicht vom Geist dieser Grundsätze erfüllt ist. Die Zugehörigkeit zum CIC verlangt ihre Anerkennung und Anwendung. Es ist Pflicht des Mitgliedes, sie beispielgebend zu vertreten.

Der CIC wird daher seinen ganzen Einfluß geltend machen, alle Handlungen, die der Waidgerechtigkeit widersprechen oder die dem Naturschutz zuwiderlaufen, zu unterbinden. Es ist Aufgabe des CIC, diese Grundsätze in aller Welt zu vertreten. Worin besteht die Rolle des CIC?

Die Erfahrung hat gezeigt, daß die Erhaltung des Wildes nicht nur vom Jagdbetrieb abhängt. Man weiß heute, daß die Zerstörung der Lebensräume durch die Ausdehnung der Land-, Weide- und Forstwirtschaft eine Bedrohung des Wildes in seiner Gesamtheit auf weltweiter Ebene darstellt.

Der CIC hat sich deshalb zur Aufgabe gemacht, zunächst alle für die Gestaltung der Umwelt Verantwortlichen auf den außerordentlich großen Wert des Wildes in wirtschaftlicher, ethischer, wissenschaftlicher und sozialer Hinsicht sowie auf seine Bedeutung als Erholungsfaktor und als Nahrungsquelle hinzuweisen, und sich für die Erhaltung des Wildes und seines erforderlichen Lebensraumes einzusetzen.

Mit diesen weltweiten Problemen befassen sich heute alle internationalen Organisationen, wie die Vereinten Nationen — hier besitzt der CIC Beraterstatus im Wirtschafts- und Sozialrat — die Europäischen Gemeinschaften — hier hat der CIC Beobachterstellung — die FAO, die UNESCO, die Organisation der Afrikanischen Einheit (OAU) u. a. Das Ziel des CIC als beratendes Organ besteht darin, die Nutzer und Gestalter der Umwelt und die auf diesem Gebiet tätigen Wissenschaftler mit den für die Entwicklungsplanung, die Jagd und die Erhaltung des Wildes verantwortlichen Regierungsstellen zusammenbringen.

Die Wirksamkeit des CIC gründet sich auf die Zusammenkünfte seiner Mitglieder in den Fachkommissionen und den Arbeitsgruppen, die sich mit besonderen Problemen befassen. Aus den Arbeiten der Kommission ergeben sich die Anregungen, die entweder als Resolutionen oder als Empfehlungen an die Regierungen oder internationalen Organisationen gerichtet werden. Es

gibt eine gewisse Anzahl ständig arbeitender Kommissionen:

- Die Kommission „Zugvögel"
- Die Kommission „Großwild Europa und Asien (Paläarktische Region)"
- Die Kommission „Tropisches Wild"
- Die Kommission „Niederwild"
- Die Kommission „Umweltverständnis"
- Die Kommission „Fotojagd"
- Die Kommission „Die Jagd in der Kunst und Jagdmuseen"

Schließlich gibt es auch Arbeitsgruppen für Trophäenvermessung und Falknerei sowie eine Jury Littéraire, welche an um das Jagdwesen belletristisch oder wissenschaftlich Verdiente den Prix Littéraire verleiht.

Das durch seine zahlreichen Bücher bekannte österreichische Mitglied, Graf Philipp Meran, erhielt diesen Preis; ebenso erhielt er vor kurzem den Kulturpreis des Deutschen Jagdschutzverbandes.

Der CIC hat ein vollständiges System von Vermessungsformeln für die Trophäen aller Großwildarten der Erde ausgearbeitet, das heute weltweit anerkannt wird. Im Sinne seiner Tätigkeit hat der CIC schon vor Jahr und Tag seinem Namen den Zusatz „zur Erhaltung des Wildes" (et de la Conservation du Gibier) angefügt.

Die Finanzmittel des CIC bestehen aus den Subventionen, welche von den verschiedenen Mitgliedstaaten sowie von öffentlichen und privaten Organisationen gezahlt werden, und aus den Beiträgen seiner Mitglieder. Eine große Unterstützung läßt ihm die Internationale Stiftung zur Erhaltung des Wildes zukommen. Alljährlich veranstaltet der CIC in einem der Mitgliedsländer seine Generalversammlung. Seit 1959 hatte keine Generalversammlung mehr in Österreich stattgefunden. Als ich 1981 bei den alle drei Jahre stattfindenden Wahlen ins Präsidium zu einem der drei Vizepräsidenten gewählt wurde, war es mein Anliegen, wieder einmal eine Generalversammlung in Österreich zu veranstal-

ten. 1968 war ich vom damaligen Delegationsführer, Dr. Richard von Kaan, Präsident des steirischen Landtages, Landesjägermeister der Steiermark, nach strengem „briefing“ in die Delegation aufgenommen worden. Ein Jahr später verunglückte Herr von Kaan tödlich. Die Neuwahl fiel, erstmalig noch mehrstimmig, auf mich. Seit damals blieb ich Delegationsführer bis 1985.

Die Verhandlungssprachen sind Französisch, Deutsch und Englisch. Da die Administration französisch ist, wurden alle Protokolle und sonstigen Texte zunächst in französischer Sprache erfaßt und anschließend übersetzt. Die deutschen Übersetzungen waren zu Beginn meiner Tätigkeit als Mitglied des Verwaltungsrates völlig unbrauchbar, so daß ich zunächst die Übersetzung ins Deutsche an mich zog. Ich habe gute zehn Jahre gebraucht, bis Paris fast fehlerlose deutsche Übersetzungen produzierte.

Meine Idee, die Generalversammlung in Österreich abzuhalten, fand keine allgemeine Zustimmung. Viele Bedenken wurden laut, bei den langjährigen Mitgliedern war der glanzvolle Verlauf der in Wien vom Grafen Thurn, damals Präsident des CIC, vom 20.—25. Mai 1959 gebotenen Generalversammlung noch in lebhafter Erinnerung. So etwas würden wir nicht wieder bieten können. Ich ließ mich das nicht anfechten. Zunächst mußte der Landwirtschaftminister Haiden gewonnen und seine Subventionszusage erreicht werden. In zähen Gesprächen, zuletzt im Parlament, gelang es mir, seine Zusage zu erhalten. Ein bedeutender Schritt war gelungen. Inzwischen schrieb man das Jahr 1982.

Die Einladung, die nun ausgesprochen werden konnte, lautete für Mai 1984. Als Tagungsort wurde Innsbruck gewählt und ein Termin mit dem Kongreßhaus vereinbart. Dort fand ich in Frau Dr. Beyrer-Haas eine ebenso charmante wie umsichtige Beraterin und Mitarbeiterin. Es waren ja ungezählte Fragen zu klären, die Hotelunterkünfte sicherzustellen, die üblichen Exkursionen zu planen, ein Tiroler Abend in Igls und das übliche Abschlußfestessen im Kongreßhaus zu organisieren, die Mappen mit den Unterlagen für die Teilnehmer, die Abzeichen vorzubereiten, mit dem Land Tirol und der Stadt Innsbruck einen Empfang in der Hofburg zu vereinbaren.

Die Planung der Exkursionen machte Kopfzerbrechen. Es ist bei diesen Generalversammlungen üblich, eine Exkursion so auszurichten, daß sie Gelegenheit bietet, Wild zu sehen, eine andere mehr in der Richtung „sight-seeing". Für die erste Exkursion bot sich das Pitztal mit seinen Steinböcken an. Dort mußte ein Mittagessen geboten werden.

Also auf ins Pitztal! In Plangeross, in der Mitte des Tales, fand sich ein großes Gasthaus und auch eine Trachtenmusik für den festlichen Empfang. Für die andere Exkursion wurde das berühmte Kloster Stams und eine Fahrt über das Mieminger Plateau vorgesehen. Spannend bis zuletzt blieb die Zahl der Teilnehmer. Von ihr hing letztlich der Erfolg des Unternehmens ab. Als Ende April die Anmeldungen die Zahl 300 überschritten, konnte ich aufatmen. Der finanzielle Erfolg war gesichert, es blieb nur mehr der moralische offen.

Zur Eröffnung erschienen Staatssekretär im Landwirtschaftsministerium Murer, in Vertretung des Landeshauptmannes Wallnöfer, der nicht ansprechbar geblieben war, der damalige Landesrat Partl sowie der Innsbrucker Bürgermeister Niescher.

Im Rahmen meiner Begrüßungsansprache gedachte ich dankbar und ehrend der Verdienste des französischen Generals Béthouart um die Erhaltung der Wildbestände in seinem Befehlsbereich, was von den über hundert französischen Teilnehmern beifällig aufgenommen wurde.

Gottlob, alles lief wie am Schnürchen! Nur etwas machte mir noch zu schaffen: das Wetter. Der Mai war kalt und naß, was vor allem den Erfolg der Exkursionen in Frage stellte. Noch am Tag der Exkursionen selbst hatte es in der Früh Schnee geregnet, aber als wir vor Landeck ins Pitztal einbogen, riß der Himmel auf, und es wurde leidlich schön. Und im Pitztal — St. Hubertus sei Dank — gab es nicht nur Steinböcke, sondern auch Gams und Rehe zu sehen.

Auch der von Landesjägermeister Weyrer in seinen Details organisierte Tiroler Abend war höchst gelungen. Zur Eröffnung ließ er 12 vollbärtige Tiroler Berufsjäger mit ihren Waffen und Hunden auftreten, die stürmisch bejubelt wurden.

Beim Abschlußfest gab es dann noch eine große Überra-

schung. Nachdem die üblichen Reden gehalten waren, kam plötzlich ein Koch mit einem Wagerl gefahren, auf dem sich eine Riesentorte mit unzähligen Kerzen befand. Die Damen vom CIC hatten diese Torte in Anbetracht meines knapp bevorstehenden 80. Geburtstages organisiert und überreichten mir diese nun feierlich unter großem Applaus. Ich war ob dieser Ehrung tief gerührt.

Die Generalversammlung war ein voller Erfolg, sowohl moralisch wie auch finanziell. Ich erhielt unzählige anerkennende Dankschreiben.

Das mir liebste Anerkennungsschreiben erhielt ich von meinem Freund, dem Landesjägermeister von Salzburg, Baron Fritz Mayr-Melnhof:

„Lieber Alfons . . . ich zählte mich auch zu den Skeptikern, die es nicht glauben wollten . . . Die CIC-Tagung 1984 in Innsbruck war geprägt von Deinem Namen, Deinem Organisationstalent und Deinem Ansehen. Vielen Dank dafür, Dein getreuer Fritz."

Innsbruck war mein Schwanengesang. Ende 1984 endete mein Amt als Vizepräsident, gleichzeitig übergab ich Prinz Heinrich III. Reuss als meinem Nachfolger die Führung der österreichischen Delegation. Heute ist Prinz Reuss Präsident des CIC und Dr. Rudolf Gürtler Leiter der Österreichischen Delegation.

Meine Jagdhunde

Es waren ihrer drei. Neunzehnhunderteinundsechzig erwarb ich von einem Förster in Kindberg einen dreijährigen dunkelbraunen Deutschen Wachtelrüden namens Troll. Ich selbst war beruflich leider meist nicht in der Lage, meine Hunde selbst abzuführen, weshalb ich auf abgeführte zurückgreifen mußte.

Als ich im selben Jahr Troll bei einer Vollgebrauchsprüfung führte, stellte sich heraus, daß der Hund nicht spurlaut war. In allen anderen Fächern schnitt er hevorragend ab, doch, obwohl ihm die Richter wohlwollend dreimal Gelegenheit gaben, wenigstens nur irgendeinen Laut von sich zu geben, blieb er stumm und konnte daher nicht prämiiert werden. Der Verkäufer hatte mir diesen Mangel bewußt verschwiegen. Mir machte das nichts aus, denn ich wollte im besonderen einen verläßlichen Pirschbegleiter, der allenfalls eine Schweißfährte hielt. Bewundernswert war seine Ruhe am Stand. Einmal in der Rehbrunft — ich saß auf der Erde, Troll lag neben mir — sprangen mir gleichzeitig drei Böcke. Mein Hund rührte sich nicht. Über eine andere Leistung habe ich bereits weiter vorne berichtet.

Nach Jahren bekam er einen Tumor im Kopf, biß wahllos alle Hausgenossen und mußte eingeschläfert werden. Meine Suche nach einem ähnlichen Wachtel blieb viele Jahre ergebnislos.

Sein Verlust war schmerzlich.

In Jahre 1969 entschloß ich mich zum Ankauf eines Rauhaardackelwelpen. Es war das erste Mal, daß ich selbst versuchen wollte, einen Hund abzuführen. Im Welpenalter hatte er noch eine tiefschwarze, völlig glatte Decke, weshalb er Moro getauft wurde.

Im Herbst — er war damals 6 Monate alt — nahm ich ihn mit auf die herbstlichen Waldjagden auf der Schaumburg. Er lag seelenruhig neben mir am Stand, zeigte keinerlei Erregung, wenn etwa ein Hase oder ein Reh vorüberflüchtete, kurzum, ich schwelgte vor Wonne.

Doch mit des Geschickes Mächten ist kein ew'ger Bund zu flechten. Im nächsten Herbst war der Teufel los. Er war wie ausgewechselt, riß an der Leine, wollte lostoben, bellte laut, kurz und gut, er erwies sich als völlig unbrauchbar. Jedenfalls gelang es mir trotz aller Mühe nicht, ihn zur Vernunft zu bringen. Nur auf einem Gebiet war er hervorragend, bei der Baujagd; in dieser Disziplin erwarb er auch einen CACIT. Mit Rücksicht auf die damals herrschende Tollwut mußte man auf dieses Vergnügen sehr bald verzichten, und von da an blieb Moro zuhause. Er war dann ein reizender Hausgenosse. In seinem zwölften Jahr mußte er wegen Darmkrebs ebenfalls eingeschläfert werden. Noch zu seinen Lebzeiten erwarb ich im Februar 1981 in Osttirol auf Grund einer Annonce wieder einen Deutschen Wachtelrüden, diesmal einen Braunschimmel namens Arko, fünf Jahre alt.

Arko gewöhnte sich zunächst nur langsam ein. Ich ging mit ihm im Oktober gleich auf die nächste Vollgebrauchsprüfung, wo wir immerhin einen dritten Preis erzielten. Er bekam eine schlechte Note für Verlorenbringen aus tiefem Schilfwasser und in der Riemenarbeit künstlich, wofür die Richter den erst vor kurzem erfolgten Führerwechsel verantwortlich machten.

Leider erfüllten sich meine Erwartungen auf mögliche Einsätze nur spärlich. Bei den St. Florianer Herbstjagden waren so viele Hunde, daß Arko angeleint bleiben mußte. Auf der Schaumburg gab es die ganzen Jahre nur zwei Nachsuchen, die Arko tadellos absolvierte. Seine Raubzeugschärfe bewies er an einigen Katzen.

Zuhause ermangelte er jedoch völlig der Wachsamkeit und zeigte auch nie an, wenn fremde Leute am Gartentor Einlaß begehrten. Er war ein merkwürdig stiller Hund.

Zuletzt wurde er stocktaub, gehorchte nur mehr auf Handzeichen. In seinem 14. Lebensjahr mußte auch er auf Grund eines Nierenleidens eingeschläfert werden. Rückblickend war Troll der beste meiner Hunde, aber ich selbst trotz aller Bemühung weder ein erfahrener, geschweige denn ein Meisterführer.

Am Brandhof

Ich hatte frühzeitig den Abschuß zweier Gamsböcke für die Brunft 1951 am Brandhof gebucht. Meine Teilnahme am First International Congress of Manufacturers als Mitglied der österreichischen Delegation, welche mich schon Mitte November nach New York führte, zwang mich, bereits Ende Oktober die Jagdfahrt anzutreten. Der zweite Gams war einem wichtigen Geschäftsfreund zugedacht, den schon lange der grüne Rasen deckt.

Dieser internationale Industriellen-Kongreß begann mit einer dreiwöchigen Studienreise durch halb Amerika. Die nationalen Delegationen setzten sich aus den Vertretern der wichtigsten Industriezweige zusammen. In New York wurden dann die Repräsentanten der gleichartigen Industrien in Reisegruppen zusammengefaßt. Elektroindustrie und Energiewirtschaft waren so stark vertreten, daß sie in eine „Germanische" und eine „Romanische Gruppe" geteilt wurden. Die germanische Gruppe umfaßte die Österreicher, die Bundesdeutschen, die Holländer und die Skandinavier. Jede Gruppe wurde von einem Groupmanager betreut. Als wir uns am ersten Morgen versammelten, sagte unser Manager, ein Mister Tailor, auf englisch mit echt österreichischem Akzent, wir könnten uns doch besser auf deutsch verständigen. Ich überlegte, warum sich der Mann, der vermutlich Schneider geheißen hatte, umgetauft hat? Schneider wäre auch als Snyder brauchbar gewesen. Tailor war dem Alter nach sichtlich Altösterreicher. Mir ließ das keine Ruhe. Im Laufe der Reise wurden die Beziehungen wärmer, und da fragte ich ihn einmal im Speisewagen unseres Sonderzuges: „Sagen Sie mal, Mr. Tailor, sie haben doch früher anders geheißen?" „Ja," sagte er, „ich mußte meinen neuen Landsleuten immer sagen, daß man meinen Namen ja so ähnlich wie crazy cat ausspricht." „Aha," sagte ich, „also haben Sie Krejci geheißen." Großes Erstaunen seinerseits. „Wieso wissen Sie das?" — „Weil ich Tschechisch kann."

Wir haben sehr gelacht. Tailor war ehemaliger k. u. k. Artillerieofizzier und nach dem Zusammenbruch nach Amerika ausgewandert, hatte eine Amerikanerin geheiratet und war dort seßhaft geworden.

Nun kam natürlich seinerseits die Frage, wieso ich Tschechisch könnte. Ich hatte 1930 die Tochter eines mährischen Großgrundbesitzers geheiratet. In der großen Krise der Jahres 1933, ich war damals bei den österr. Siemens-Schuckertwerken angestellt, in der es zu starkem Personalabbau kam, wurde ich als sogenannte Führungsreserve ein Jahr lang mit halbem Gehalt Wartegebür beurlaubt, zog mit meiner Frau und unserer kleinen Tochter zu meinen Schwiegereltern nach Steinitz/Ždánice. Die Herrschaft war deutsch, die Bevölkerung tschechisch, so nutzte ich die Gelegenheit und begann, die Landessprache zu erlernen.

So starteten wir schon Ende Oktober und nahmen am Brandhof Quartier. Es war das erste Mal, daß ich den Brandhof betrat, den ich dann noch manchmal besuchen würde. Ich war von diesem traditionserfüllten Herrensitz, tief beeindruckt, mit all den Andenken an den steirischen Prinzen, von seiner besterhaltenen Arbeitsstube, von all dem historischen Flair, der mir entgegenstrahlte. Der Wald prangte in allen herbstlichen Farben, das Wetter war mild, die Silberfäden des Altweibersommers hingen überall in der Luft. Den nächsten Tag zogen wir los. Es lag noch kein Schnee. Ich kam schon im Laufe der vormittägigen Pirsch am sogenannten Kastell zu Schuß. Das Kastell ist ein Kar, das von allen Seiten von hohen Felsrippen umgeben ist, hinter denen man gut gedeckt anpirschen konnte, um dann vorsichtig hineinzulugen. Das tat ich nun. Da stand ein starker Bock mitten im Kar. Vorsichtig schuf ich mir eine Auflage für meinen Mannlicher und konnte gut gedeckt dem Bock den tödlichen Schuß antragen. Er blieb unter den siebzig Gams, die ich in meinem Leben schoß, mit 102 CIC-Punkten der beste. Es war wieder einmal einer jener Fälle, wo es auf Anhieb und eigentlich zu schnell klappt.

War die Erlegung meines Gams verhältnismäßig einfach und bequem, so gestaltete sich die Pirsch meines Gastes dramatisch. Der ehemalige Ritterkreuzträger schoß sechsmal daneben, bis es

dem führenden Jäger am späten Nachmittag endlich gelang, beim siebenten zum Erfolg zu kommen. Siebenmal hatte man den guten Mann zu Schuß gebracht. Es spricht für den damaligen Gamsstand, daß so etwas überhaupt möglich war.

Ab 1972 war ich sieben Jahre als Arbeitgebervertreter Mitglied der dreigliedrigen österreichischen Delegation zur Jahrestagung der International Labour Organization (ILO) in Genf, welche jährlich im Juni drei Wochen lang stattfand.

Eine Wiener Jugendfreundin hatte mich einer in Genf lebenden Freundin empfohlen, und so machte ich bei erster Gelegenheit meinen Antrittsbesuch. Die Hausfrau, Endvierzigerin, Engländerin, ursprünglich Tänzerin, war mit einem südländischen Bankier verheiratet gewesen. Frühzeitig verstorben, hatte er ihr ein beträchtliches Vermögen hinterlassen. Sie besaß eine prachtvolle Wohnung am Seeufer, deren kreisunder Salon einige Bilder französischer Impressionisten aufwies. Sie selbst war klein und zart, nicht wirklich hübsch, aber apart und extravagant, pflegte viel zu reisen und jedes Jahr eine Jagdsafari zu unternehmen. Trophäen gab es allerdings nicht zu sehen. Sie hatte einen exzellenten Koch, es gab also köstliche Soupers. Einmal kam sie, von mir in ein schickes Restaurant in der Altstadt eingeladen, in einem Abendmantel aus rotem Moiree, der mit schwarzen Affenhaaren verbrämt war.

Im Laufe der Bekanntschaft konnte ich die Dame, die auch eine große Skisportlerin war, animieren, doch einmal einen Gams, eine ihr völlig unbekannte Wildart, in der Brunft zu bejagen.

Sie war einverstanden, und so arrangierte ich eine winterliche Gamsjagd am Brandhof. Sie kam nach Wien geflogen, ich holte sie im Hotel Sacher ab, und wir fuhren direkt in „die Höll“, wo sich ein allerdings wenig benutztes von Erzherzog Johann erbautes Jagdhaus befand. Die Verpflegung sollte beim Jäger Sepp eingenommen werden, einem jüngeren Mann mit rotem Vollbart, einer richtigen Defreggerfigur. Hierbei gab es die ersten Schwierigkeiten, weil ihr die Kost nicht behagte und Umstellungen auf englischen Geschmack erforderlich wurden.

Am nächsten Morgen begannen wir zunächst mit Probeschießen. Ich hatte sie veranlaßt, ihre Waffen wegen der Einfuhrfor-

malitäten zuhause zu lassen, ich würde ihr meine Waffen zur Verfügung stellen. Ich hatte dabei leider etwas übersehen, nämlich, daß die Engländer vielfach unseres Stechers ungewohnt sind, so auch sie, was zu erheblichen Problemen führte. Das Probeschießen auf die 100 Meter entfernte Gamsscheibe verlief kläglich, es gingen mehrere Schüsse daneben, bis sie endlich in die Scheibe hineinwackelte.

Dann gingen wir zu dritt auf die Pirsch. Sportlich, wie sie war, hielt sie sich tapfer, denn es lag wadenhoch Schnee, und wir mußten fest stapfen. Wir kamen nach geraumer Zeit mit einem Rudel zusammen, bei dem ein guter Bock stand, sie war aber auch des Schießens am Bergstock nicht gewohnt, nicht schnell genug, um fertig zu werden. So ging das mehrmals, bis wir abends erschöpft heimkamen. So beschlossen Sepp und ich, uns auf einem Ansitz gegenüber einer Felswand zu verlegen, in der immer wieder Gams herumstiegen. Dort bauten wir uns ein, packten unsere Engländerin warm ein und harrten der Dinge, die da kommen sollten. Anblick gab es genug, dauernd wechselten Scharwild, junge Böcke, durch, aber keine alten. Sie kam nicht zu Schuß!

Dann hatte sie die Nase voll, und so brachte ich sie nach Wien zurück. Der Abschied vor dem Sacher war frostig.

Gamsbrunft

Nun gilt es wieder dem brunftigen Bartgams.

Wir, der mich begleitende Revierjäger und ich, waren noch in der Nacht vom Dorf zur Hütte in einem zweieinhalbstündigen Marsch aufgestiegen, um in der Früh gleich ins Kar weitersteigen zu können. Es war eine sternklare, windstille Nacht, es war kalt, aber im Steigen durch knöchelhohen Schnee wurde uns warm, die Rucksäcke waren prallvoll und ganz schön schwer. Was muß der Gamsjäger nicht alles mitschleppen? Vom Proviant sei gar nicht besonders die Rede, denn Tee, Zucker, Mehl waren auf der Hütte, Suppenpulver und Konserven desgleichen, aber Schnaps, Brot, Speck und Butter braucht man auch, dann das Jagdglas, das beim Gamsjagern unerläßliche Spektiv, das ausziehbare Fernrohr mit mindestens dreißigfacher Vergrößerung für genaues Ansprechen auf weite Distanzen, Patronen, das sechsfache Fernrohr samt Gummiblende für den auf 200 Meter eingeschossenen 7×64 Mannlicher-Schönauer, denn meist heißt es weit schießen, das Schneehemd, ein bis zwei Hemden zum Wechseln, der Fotoapparat, eine zweite Garnitur Wollstrümpfe und Socken, der gefütterte Anorak, die wollenen Schießhandschuhe, eine Wollmütze, die man als Kopfschützer über Kopf und Hals ziehen kann, eine Wollweste; schließlich noch eine Thermosflasche, deren Mitnahme sich sehr empfiehlt. Sehr nützlich ist auch die Mitnahme eines Spiralputzstockes, er ist in entspanntem Zustand weich und elastisch, durch Spannen eines Hebels wird er zum Stock. Im Rucksack verwahrt ist er jederzeit zur Hand, wenn Fremdkörper, z. B. Schnee, in den Lauf gekommen sind. Probatum est.

In der Gamsbrunft ist man meist den ganzen Tag draußen, es ist also nötig, über entsprechende warme Kleidung zu verfügen, und ein heißer Trunk tut wohl. Ob man eine lange Schihose trägt oder eine dicke Kniehose, an die sich dann die bis zum

Knie reichenden Gamaschen aus Schladmingerloden anschließen, ist Geschmackssache. Die Gamasche hat zweifellos den Vorteil, daß man sie auf der Hütte ausziehen kann, während der an der Schihose allenfalls angefrorene Schnee erst dort abtaut.

Die Pirsch auf den Gamsbock in der Brunft — meist liegt Schnee, oft viel Schnee — wird häufig durch längeres Sitzen und Beobachten unterbrochen, man setzt sich gerne in der Nähe bekannter Wechsel an und paßt darauf, daß ein suchender oder ein von einem Rivalen vertriebener Bock des Weges kommt. Selbst bei windstillem Wetter hält man längeres Sitzen ohne warme Unter- und Oberkleidung nicht aus. Vom Steigen oder Stapfen in tiefem Schnee verschwitzt, empfiehlt sich dann der Hemdwechsel. Das verschwitzte Hemd wird noch zum Abreiben des entblößten Oberkörpers verwendet, im frischen Hemd, Wollweste und Überrock ist einem dann herrlich warm, und man hält lange aus.

Oft gibt es als Ergebnis der Beobachtung lange Umgehungsmärsche, um in entsprechender Deckung und mit gutem Wind an ein Rudel schußgerecht heranzukommen.

Die Jagd auf den Bartgams in der Brunft im Hochgebirge erfordert ob der physischen Anstrengung neben entsprechender Kondition Liebe zum Berg und echte jagdliche Passion, die bereit ist, Strapazen und Witterungsunbilden hinzunehmen. Zum Unterschied vom Waldgams, der weit bequemer zu bejagen ist, ist die Erlegung eines Hochgebirgsgams, eines „Kargams", wie man ihn auch nennt, Leistung und Erlebnis besonderer Art, bestes Waidwerk. Wie immer auf der Jagd, kann man auch in der Gamsbrunft im Hochgebirge gelegentlich rasch und bequem zu Schuß kommen, im allgemeinen aber ist vor den Bartbock im wahrsten Sinne des Wortes wiel Schweiß gestellt, und er ist meist sauer und mühsam verdient. Spielt allerdings das Wetter mit, dann strahlt aus blauem Himmel die Sonne auf die schneebedeckten Berge, läßt die goldgelben Lärchen zwischen den dunklen Tannen im Hochwald unter uns noch goldener schimmern.

Heute ist mir St. Hubertus gnädig. Aus dem Kar heraus, an dessen Rand ich in Latschen gedeckt Vorpaß halte, sprengt jetzt

der Platzbock seinen Nebenbuhler auf jenen Wechsel, der knapp unter mir durch die Latschen führt. In hohen Fluchten preschen beide an mir vorbei, aber er muß auf diesem Wechsel zurückkommen. Da ist er schon. Ein Pfiff läßt ihn verhoffen, das ist sein Schicksal, den Schuß hat er nicht mehr gehört. Ich quäle mich durch die Latschen und greife nach dem Haupt. Ein starker Gams mit hohen, gut gehackelten Krucken liegt vor mir. St. Hubertus sei gedankt.

In der Gamsbrunft hatte mich eine gütige Einladung in die Bettelwurfgruppe im Karwendel geführt. In langer Fahrt geht es im Vomperloch immer höher hinauf, bis auf eine Hochalm. Dann sagt der Jäger: „Von hier aus müß' ma zu Fuaß gehn." Leicht mißmutig schultere ich meinen schweren Rucksack und stapfe hinter meinem Führer her. Es geht bergauf, aber der Weg ist verhältnismäßig kurz, und dann stehen wir vor einer winzigen Hütte, die fast schon schwindelerregend in die Felsen gebaut ist. Eine kleine Küche, in der auch der Jäger, wie so oft, schläft, eine schmale Kammer mit zwei Betten für die Jagdgäste, alles aber ist blitzsauber und gemütlich.

Wir sind zu Mittag angekommen, und der Jäger bereitet kunstvoll eine herrliche Tirolerknödelsuppe. Während der Zubereitung erfolgt die übliche Beschnupperung des älteren Jagdgastes, die anscheinend befriedigend ausfällt, denn die anfängliche, verständliche Zurückhaltung löst sich in offenes Benehmen auf.

Am frühen Nachmittag steigen wir dann an den Rand eines großen Kars, in dem es von Gams wimmelt; es ist allerdings nur Scharwild mit jüngeren Böcken. Es gibt viel zu schauen, immer ist Bewegung.

Der Schnee ist schon lange bis auf spärliche Reste wieder weggeschmolzen, es ist mild, geradezu warm. Zwei Stunden hocken wir, ohne daß sich ein jagdbarer Bock zeigt. Auch an einem anderen Platz haben wir kein Waidmannsheil.

Am nächsten Morgen schauen wir nochmals in das große Kar — dasselbe Bild! Wir streben jetzt in einen anderen Revierteil, wobei wir wieder durch den Hochwald pirschen, durch den wir zur Hütte aufgestiegen waren. Plötzlich verhält mein Begleiter und flüstert „Da unten im Holz steht ein guter Bock". Er hat uns

noch nicht entdeckt. Ganz langsam nehme ich den Mannlicher von der Schulter, streiche am Bergstock an, und dann bricht der Schuß. Im Knall bricht der Bock zusammen. Nach achtzig Schritten sind wir bei ihm und greifen in gutgehackelte Krukken, die ausgepunktet später 98 CIC-Punkte ergeben werden.

Der Hirsch vom Scheibelhoferschlag

Hirschbrunft. Ich habe meine geliebte Taubenbründlhütte bezogen. Sie liegt in halber Höhe der Hänge unterhalb der südöstlichen Felswände der Rax. Sie hat eine Küche, in der auch der Begleitjäger schläft, und einen zweibettigen Schlaf-/Wohnraum. Vor allzu neugierigen Blicken ist sie geschützt, denn sie steht mitten in einer Fichtendickung.

Viele Pirschen habe ich von dort aus unternommen.

Heute blies ein Kuhsturm, sinnlos hinauszugehen. Der zuständige Revierjäger hatte diesen Tag Urlaub, und es sollte der alte Oberförster kommen, um mich zu begleiten. Bis zu Mittag war er nicht gekommen, begreiflich bei diesem Wetter. Mir war aber nach meinem frugalen Mittagessen die Stubenhockerei zu fad geworden. Nicht allzu weit von der Hütte wußte ich einen schon sehr verwachsenen, von Hochholz umgebenen Schlag, der meines Erachtens völlig windgeschützt sein mußte.

Ich nahm also meinen Troll an die Leine und pirschte dorthin. An seinem Ostrand gab es sein Bodensitzl, das einen noch verhältnismäßig guten Einblick in den Scheibelhoferschlag gab.

Der Schlag war verhältnismäßig groß, aber die Sicht wurde durch den hochkommenden Jung-Mischwald doch schon sehr beengt.

Meine Rechnung war richtig, hier war es völlig windstill. Zunächst gab es gar nichts zu sehen. Ich mag wohl eine Stunde gesessen haben, als ich bei einem neuerlichen Absuchen der Lükken einen rotbraunen Flecken entdecke. Hochwild? Einstweilen bleibt es bei diesem Flecken, der sich nicht rührt. Dann ist er plötzlich verschwunden. Also doch Wild! Mein Glas bohrt sich buchstäblich in die gegenüberliegenden Büsche. Nichts! Dann ist der rote Fleck wieder da, weiter links, wird im Umriß deutlicher und entpuppt sich als Tier!

Es ist schon spät, neunter Oktober, aber wo ein Tier ist, sollte

auch ein Hirsch sein. Also weiter beobachten. Das Tier ist noch immer da und zupft an einem Busch. Kein Hirsch. Moment 'mal! Da ist jetzt doch ein zweiter roter Fleck in den Büschen. Er schiebt sich heraus und ist — ein Hirsch! Also doch. Was hat er auf? Das Geweih kann ich noch nicht genau ansprechen, mittelhohe Stangen, links eine Dreier-Krone, Eissprossen kann ich keine ausmachen, also Kronenzehner?

Der Hirsch ist am Tier völlig uninteressiert, hält sich aber dauernd in der Nähe. Ich riskiere einen Mahner, was den Hirsch veranlaßt, zwei Schritte weiter zu machen, und endlich kann ich das Geweih voll betrachten. Rechts eine mächtige Gabel, also ungerader Zehner.

Inzwischen habe ich die Büchse gegen das Glas vertauscht, noch ist nur das Haupt zu sehen. Geduld! Endlich, was heißt endlich, unendlich für die Ungeduld des Jägers, schiebt er sich heraus und steht auf etwa 100 Schritt breit in einer Lücke. Im Knall bricht er zusammen.

Ich hole tief Atem und bin beglückt über dieses seltene Waidmannsheil. Erst rauche ich eine Zigarette, bevor ich zum Hirschen hinaufsteige. Dann gibt es eine Überraschung. Er hat, wenn auch sehr kurze, Eissprossen und ist damit ein ungerader Zwölfer.

Ich breche den Hirsch auf, zünde an mehreren Stellen die Grannen an, um ihn gegen Raubzeug zu verwittern, und gehe bruchgeschmückt zur Hütte. Es ist derselbe Hirsch, den ich drei Tage früher oberhalb der Prein im Stangenholz gefehlt hatte.

Rehbock gegen Motorsäge

Das Kriegsende hatte mich und meine Kompanie nach Holstein ins Kirchspiel Westensee verschlagen, wo wir am Josephinenhof und in den umliegenden Häusern Unterkunft fanden. Der Josephinenhof lag auf einer Anhöhe mit Blick auf den Westensee.

Wir gehörten zu den sogenannten Kapitulationstruppen, wir waren also keine Kriegsgefangenen und harrten hier als technische Truppe eines von den Engländern zu bestimmenden Einsatzes.

Wir hatten keine Verpflegungssorgen, hatte ich doch auf dem Rückzug aus Frankreich in einem in Auflösung befindlichen Verpflegungslager einen LKW mit Konserven aller Art volladen lassen, bei ausdrücklichem Verbot Alkohol mitzunehmen. So hatten wir keine Not.

Am Josephinenhof, einem mittelgroßen Gut, dessen Besitzer, ein Herr Petersen, auch irgendwo im Einsatz stand, wurden wir von seiner Frau bestens betreut. Wir stehen heute noch in Korrespondenz.

Unweit von dort lag das einem Herrn von Hedemann-Heespen gehörige Gut Deutsch-Niendorf mit einem schönen klassizistischen Herrenhaus, jetzt vollgestopft mit Flüchtlingen. Mit dem dortigen Förster, einem älteren schrulligen Mann, freudete ich mich an.

Die Engländer hatten den Berufsjägern die Jagdwaffen belassen, während ich meinen seit meinem Einsatz in Frankreich mitgeführten Drilling 9,3 × 16 auf Nimmerwiedersehen hatte abgeben müssen. Für eine Motorsäge aus meinen Beständen wurde mir der Abschuß eines Rehbocks freigegeben.

Am 29. Mai 1945 zog ich das erste Mal in Begleitung des Försters auf die Pirsch. Die Gegend ist dort sanft hügelig, Laubwald. Als ich mir eine Zigarette anzünden will, verweist mir das streng

mein Begleiter, es könnte den Bock vergrämen. Ist der Wind schlecht, ist sowieso alles schlecht, ist der Wind gut, wittert das Wild auch den Zigarettenrauch nicht. Er war aber von seinem Vorurteil nicht abzubringen.

Die erste Abendpirsch verlief erfolglos, der Bock glänzte durch Abwesenheit. Am nächsten Morgen durfte ich, nachdem mir das Einstandsgebiet des Bockes bekannt geworden war, mit der Waffe des Försters allein losziehen. Es versteht sich von selbst, daß ich rauchte.

In der Mitte des Hochwaldes befand sich eine größere lockere Eichenjugend, in welcher der Bock seinen Einstand hatte. Dort wollte ich versuchen, ihn zu erwischen. Schon vor Büchsenlicht hate ich mich an die Eichenjugend herangearbeitet und hinter einer dicken Buche am Rande gedeckt Stellung bezogen. Es war ein herrlicher Maienmorgen, man konnte kurzfristig auf die vernichtende Niederlage und all die Not vergessen. Nur langsam wurde es heller, aber noch hatte ich keinen Anblick. Wie lange stand ich schon da? Mir schien es endlos.

Von meinem Stand aus hatte ich verhältnismäßig gute Einsicht in die jungen Eichen. Da! Ein roter Fleck! Ist es der Bock? Der Fleck bewegt sich nicht. Ist es überhaupt ein Reh? Endlich schiebt sich der Fleck weiter. Also doch ein Stück Wild, aber das Haupt bleibt verdeckt. Ich stehe schon im Halbanschlag. Jetzt wird das Haupt sichtbar, Bock! Ein braver Sechser, aber dafür ist das Blatt nicht frei! Jetzt verschwindet der Bock völlig. Wo ist er hin? Ich schaue mir die Augen wund, nichts. Jetzt zeigt sich wieder ein roter Fleck — viel weiter rechts, als ich erwartet hatte. Wieder steht er halbverdeckt, fünfzig Schritt weit, aber Träger und Blatt sind frei. Im Knall versinkt der Bock. 6.45 Sommerzeit! Es ist, wie schon festgestellt, ein braver Sechser, dessen Haupt ich anhebe. Sein Gehörn hängt nach fünfundvierzig Jahren noch immer an meiner Wand.

Die Hofjagd

Nein, lieber Leser, Du irrst, wenn Du nun glaubst, es sei die Rede von einer fürstlichen Treibjagd. Sie heißt Hofjagd, weil sie rund um den Meierhof des Augustiner Chorherrenstiftes St. Florian bei Linz stattfindet.

Jedes Jahr, am Ende der im November und Dezember jeden Mittwoch und Samstag abgehaltenen Treibjagden findet knapp vor Weihnachten die Hofjagd statt.

Pächter der St. Florianer Gemeindejagd ist das Stift, welches auch seine Eigenjagd einbringt, das gibt runde 3000 ha. Benachbart zum Meierhof ist das OÖ. Jagdmuseum Schloß Hohenbrunn. Der bejagte Revierteil ist das Gelände um den Ipfbach. Der Ipfbach, noch natürlich belassen, fließt durch weite Strekken, die von Bäumen und Büschen bedeckt sind, breitet sich an vielen Stellen zu kleinen Tümpeln aus, die erst bei starkem Frost zufrieren und in denen hunderte von Enten gründeln. Daher ist dort auch die Ente die am stärksten vertretene Wildart neben Fasan – es werden nur Hähne geschossen – und spärlichen Hasen. Bejagt wird das gesamte Revier von der St. Florianer Jägergilde, die neben Stammgästen primär von den ortsansässigen Jägern gebildet wird, denen auch der Abschuß des Rehwildes anvertraut ist. Sie zählt etwa 40 Mitglieder, deren jagdlicher Disziplin es zu danken ist, daß seit Jahrzehnten kein Jagdunfall passierte. Die ganze Struktur des St. Florianer Gemeindereviers verlangt die ungewöhnlich hohe Zahl von Schützen, denn überall sind Waldstücke und Schacherln zu umstellen, was zahlreiche Schützen erfordert, wenn man wahrscheinlich auch mit etwas weniger Teilnehmern auskommen würde. Sei's drum!

Eingeleitet wird die Hofjagd durch eine feierliche Hubertusmesse, die der Prälat – der Jagdherr – selbst liest und die von der St. Florianer Jagdhornbläsergruppe „Hohenbrunn" musikalisch untermalt wird. Am Ende singen die 40 Jäger zu den Par-

forcehörnern das Lied „Großer Gott, wir loben Dich". Ein eindrucksvoller Abschluß der heiligen Handlung.

Dann begeben sich die Schützen zu ihren Fahrzeugen und fahren zum Meierhof, welcher seit seiner kürzlichen Restaurierung in weißgelber Pracht prangt. Von hier aus verteilen sich die einzelnen Gruppen zu den vorgesehenen Ständen.

Heute ist ein stiller milder Wintertag mit Hochnebel und geringer Schneelage. Die Schützen beziehen ihre Stände noch weit entfernt von jenem Platz, an dem sie zu Schuß kommen sollen, denn dieser wird erst bezogen, wenn alle Schützen angestellt sind, um die Enten nicht vorzeitig hochzumachen.

Endlich ist es so weit, die Treiber beginnen; schon werden die ersten Enten hoch, und eine wilde Knallerei beginnt, aber es fallen auch die ersten Enten. Ich schieße einmal daneben.

Im zweiten Trieb stehe ich im Buschwerk am Rande eines Hochholzes, hier sollen Fasanen kommen. Das tun sie auch, aber lauter Hennen, kein einziger Hahn.

Mit einem dritten Trieb endet die Hofjagd. Im schneebedeckten Innenhof des Stiftes zwischen den Buxbäumen wird Strecke gelegt: 15 Fasanen, 2 Hasen, 43 Enten, 1 Häher. Dem Jagdherrn wird gemeldet, die Strecke verblasen.

Anschließend versammeln sich die Jäger im Stiftsstüberl zu dem vom Prälaten gebotenen Mittagessen. Ein Bericht des Jagdleiters gibt Überblick über das Jagdjahr, es folgen Ansprachen und ein fröhliches Beisammensein.

Das St. Florianer Jagdjahr ist zu Ende.

Ein Bock im Gailtal

Ein Mitglied der österreichischen Delegation des CIC hatte mich 1981 liebenswürdigerweise ins Gailtal zur Rehbrunft eingeladen. Es war in Kirchbach zuhause. Also fuhr ich voller Erwartung den weiten Weg entlang der Karawanken ins Gailtal. Kirchbach liegt etwa in der Mitte zwischen Hermagor und Kötschach-Mauthen. D. war ein wohlhabender Mann, hatte Frau und Tochter und bewohnte ein stattliches, gut eingerichtetes Bürgerhaus, das schönste des ganzen Ortes. Seine Eigenjagd befand sich am gegenüberliegenden Kirchbachkogel in 1800 Meter Seehöhe. Das Jagdhaus lag auf der Schafalm in etwa 1500 Metern. Da man nur bis zum Fuß des Kirchbachkogels fahren konnte, auch der Aufenthalt kurz bemessen war, denn ich sollte gleich zu Schuß kommen, wurde nur das Notwendigste in den Rucksack gepackt, und los ging es!

Nach kurzer Anreise übers Tal wurde das Auto abgestellt und der Fußmarsch auf den recht steilen Kogel angetreten. Als wir etwa drei Viertel des Weges geschafft hatten, überfiel uns ein heftiges Gewitter, das uns trotz unserer Mäntel recht naß machte, vor allem waren die Knie unserer Lederhosen vollgesogen wie Schwämme.

Schließlich waren wir oben, zogen zunächst die Hosen aus und kochten Tee. Es war noch sehr früh am Nachmittag, so daß wir uns Zeit ließen, bevor wir in den feuchten Hosen zur Pirsch aufbrachen. Mir wurde ein Hochsitz zugewiesen, der Einblick in einen stark verwachsenen Graben bot, in dem der mir bestimmte Bock seinen Einstand hätte.

Ich saß also da oben, musterte genau mein Schußfeld und begann nach einer Weile zu blatten. Es rührte sich jedoch nichts, den ganzen Abend nicht. Weiß Gott, wo der Bock steckte.

Abends tauschten wir im Jagdhaus, das eigentlich eine entsprechend adaptierte Almhütte war, hinter einer Flasche köstli-

chen Tiroler Roten unsere Erfahrungen aus und schoben uns bald ein.

Am nächsten Morgen stieg ich wieder auf den Hochsitz. Zunächst sah ich wieder nichts. Da es nach dem gestrigen Regen recht frisch war, ließ ich mir mit dem Blatten Zeit und begann erst, als die Sonne höher stand, mit den ersten vorsichtigen Fiepern. Nichts. Nach einer Weile, wie üblich, stärkere Töne.

Da — ein roter Huscher, aus dem Graben heraus steht ein Stück zu, wird wohl der Bock sein. Noch ist nichts zu sehen. Warten. Ich fiepe jetzt nicht mehr, sondern passe. Ist es ein Bock, so muß er zustehen. Da ist er schon. Vorsichtig kommt er, durch Büsche gedeckt, schnurgerade gegen den Hochsitz gezogen. Nun steht er frei, ein braver Bock, und erhält auf 40 Schritt die Kugel, die ihn sofort zusammenbrechen läßt. Freudig klettere ich herunter und trete dankbar heran, breche letzten Bissen und Bruch.

Zum Abschluß wird in Kirchbach gefeiert.

Am Židovský Kopec

Hirschbrunft im Kriege, ich habe glücklicherweise Urlaub.

Der Judenberg ist eigentlich ein großer verwachsener Schlag in einem der zu Herrschaft Steinitz in Südmähren zählenden Revier meines Schwiegervaters. Er gehörte zu einem Revierteil, in dem seit Menschengedenken nie Hirsche geröhrt hatten.

Doch heute berichtete der zuständige Revierjäger, daß dort in der Früh zwei Hirsche gemeldet hätten, ich sollte doch mal hinschauen. Also zog ich zeitlich am Nachmittag los und setzte mich auf einen hohen Hochstand, der mitten im Schlag aufgestellt war. Viel Ausblick hatte ich nicht, aber es gab genug Lükken, die Schußmöglichkeiten boten. Links von mir führte die Waldstraße vorbei, die aber durch eine Reihe hoher Büsche verdeckt war.

Ich war eher skeptisch. Einmal herrschte starker Westwind, der das Verhören erschwerte, dann kam um neunzehn Uhr noch ein Holzfuhrwerk daher, ja nicht allzuweit arbeitete noch ein Holzhauer. Was soll sich da schon ereignen? Ich blieb aber gottergeben sitzen, denn um woandershin zu gehen, war es schon zu spät. Um 19.25 Uhr, ich wollte gerade abbaumen, ertönte ganz nahe ein tiefes Knören, dann noch einmal. Ich ergreife sofort den Ruf und schreie zurück, erhalte Antwort, schreie nochmals, dann Schweigen. Das Knören kam von der Waldstraße her. Das Büchsenlicht ist im Schwinden, nur mit dem Glas kann ich noch zusammenkommen. Doch da, in den Büschen links von mir, steht da nicht ein Stück? Weiß Gott! Da steht auf fünfzig Schritt ein Hirsch in den Büschen, sein Geweih ragt aus ihnen heraus. Drei Enden in Schaufelkronen! Kronenhirsch, der nicht geschossen werden darf. Moment 'mal. Der Hirsch hat keine Mittelsprossen! Ein Abschußhirsch. Doch noch steht der Hirsch verdeckt, spitz von vorn. Jetzt kann nur noch Mahnen helfen. Einmal, zweimal. Der Hirsch verschwindet wieder in den Büschen,

zieht röhrend weiter. Noch ein Mahner. Da tritt er hinaus auf einen freien Fleck, hebt sich im hellen Gras gut ab und bricht im Feuer zusammen. Ein tiefes Stöhnen, noch ein Schlegeln, dann ist alles still, nur der Wind säuselt in den Blättern.

Blitzartig bin ich unten und trete an den Hirsch: Es ist ein uralter, einer der besten Hirsche, die je in diesem Revierteil geschossen wurden. Das Geweih ging bei Kriegsende, als die Familie im Pferdetreck Steinitz verlassen mußte, verloren.

Wo der Adler kreist

Sind Rebhuhnjagd und Hirschbrunft die besonderen Höhepunkte im jagdlichen Geschehen des September, so gibt es im Gamsrevier, hoch oben in den Karen, auch manche Möglichkeit. Die starken, alten Böcke leben jetzt als Einsiedler, sind faul und sitzen stundenlang in einem schattigen Winkel, erheben sich dann und wann, um im engsten Umkreis zu naschen und tun sich alsbald wieder nieder. Wir haben uns auf einem Köpfel niedergelassen, das weite Aussicht bietet.

Unablässig sucht das Jagdglas die Gegend ab, ob es nicht einmal irgendwo einen gelben Fleck entdeckt, denn noch trägt der Gams sein Sommerkleid, wenn er auch langsam zu verfärben beginnt, d.h. das glatte gelbe Sommerhaar gegen das zottige, schwarze Winterkleid wechselt.

Da drüben ist so ein gelber Fleck. Ein niedergetaner Gams. Nun nehme ich das Spektiv, das ausziehbare Fernrohr mit 20 bis 40facher Vergrößerung zur Hand und besehe mir, was sich da zeigt. Es ist ohne Zweifel ein Bock mit hohen, gut gehackelten Krucken. Um auf Schußdistanz heranzukommen, müßte man einen weiten Umweg machen. Er soll lieber in der Brunft noch für Nachwuchs sorgen, dann mag er fallen. Wäre es ein Abschußbock, würde man ihn angehen. So will ich sehen, ob ich nicht eine alte, gelte Gais, die kein Kitz mehr führt und meist recht respektable Krucken hat, entdecke.

Es ist ein herrlicher Septembertag, im blauen Himmel ober mir kreist ein Adler. Weit blickt das Auge auf die Kulissen der Berggipfel.

Unten im Kar ist ein Rudel Scharwild. Die Gaisen mit ihren Kitzen – die Kitzgaisen – die Jahrlinge, die 2- und 3jährigen, die alle zusammenstehen. Da steht mitunter auch eine gelte Gais mit dabei. Ich bin in der Früh gegen den Talwind aufgestiegen, damit ich, wenn der Wind mit steigender Sonne wechselt, den

Auf- oder Bergwind gegen mich habe. Gegen schlechten Wind ist das Gamswild sehr empfindlich, während es, neugierig wie es ist, langsame Bewegungen aushält. Es sind über dreißig Stück. Die Alten äsen, die Kitze spielen, es ist ein reizender Anblick, diese Gamskinder tollen zu sehen. Ich schaue mir das Rudel Stück für Stück genau an. Abseits steht eine Gais mit hohen Krucken, die Farbe im Haupt ist eher grau, zweifellos eine alte Gais. Aber so ohne weiteres kann man nicht sagen, ob sie nicht doch noch ein Kitz führt. Die Kitze haben sich ja zum Spiel von den Müttern abgesondert, dann und wann kommt ein Kitz zu seiner Mutter, stupft gegen das Gesäuge, als wollte es noch trinken.

Über eine Stunde beobachte ich die Alte. Sie scheint kein Kitz zu haben. Zum Schuß muß ich aber doch noch ein gutes Stück hinuntersteigen. Langsam und vorsichtig, damit es nicht „steindelt", steige ich hinunter und suche mir eine passende Stellung. Näher als 200 m kann ich nicht heran. Noch einmal prüfe ich, ob ich den Schuß wagen darf. Die Gais steht ganz abseits von der Masse des Rudels.

Der Stutzen wird auf einen Stein mit dem Mantel als Unterlage gebettet. Schütze und Waffe sind wie verschmolzen, das Fadenkreuz steht im Blatt, gestochen, und dann kracht's! Die Gais hat den Knall nicht mehr gehört. Das Rudel aber fährt durcheinander, die Leitgais setzt sich an die Spitze, und eilig zieht das Rudel ab, ein Gams hinter dem anderen. Ich warte, bis das Rudel verschwunden ist; dann steige ich hinunter zu meiner Gais. Sie ist 14 Jahre alt, hat ein vollkommen vertrocknetes Gesäuge. Einen Latschenbruch stecke ich ihr als letzten Bissen in den Äser, dankbar für einen guten Schuß und eine brave Krucke.

Noch anderes hat der Berg zu bieten, nämlich das Murmeltier. Das Hochgebirge hat ja allen anderen Landschaften den weiten Blick voraus. Man kann auf einem Köpfel sitzen und stundenlang beobachten, und es wird einem die Zeit nicht lang. Dort, wo es Murmeltiere gibt, unterhält man sich köstlich. Ein starker Bär sitzt aufrecht auf den Hinterläufen oben auf einem Bau und wacht über die Sicherheit der Kolonie, während die Katzen, die jüngeren Bären und die Affen, geschäftig hin- und hereilen. Die

Affen haben ein besonderes Spiel. Zwei umarmen sich stehend, lassen sich fallen, rollen vereint einen kleinen Hang herunter, stehen auf, laufen wieder hinauf und beginnen das Spiel von neuem.

Ein greller Pfiff des Wächters, und blitzartig verschwinden alle in den nächsten Löchern. Der Adler! Mit mächtigen Flügelschlägen streicht er durchs Kar, beutelos steigt er wieder in die Höhe und verschwindet.

Die Kokaserhütte

Für mich gehört zum idealen Jagdbetrieb, zum jagdlichen Erleben bei längerem Aufenthalt, das Jagdhaus oder die Jagdhütte, tunlichst zentral im Revier gelegen.

Einmal war es mir vergönnt — ich habe darüber in „Neun glückliche Jahre“ in meinem Buch „St. Hubertus sei gedankt“ (erschienen im Verlag Paul Parey, 1980) berichtet — Mitpächter einer Hochgebirgsjagd zu sein, was mit der Benützung einer Jagdhütte verbunden war. Über dreißig Jahre war ich Pächter eines Rehwildreviers im Zentralraum Oberösterreichs, aber dort gab es keine Jagdhütte; zur Not, und nur fallweise, konnte man im Forsthaus übernachten, was allerdings durch die Nähe zu meinem Wohnsitz kaum in Frage kam, dennoch wäre eine solche bei den Längenmaßen des Reviers angebracht gewesen.

Die zünftige Unterkunft, d.h. die Jagdhütte, spielt meines Erachtens bei der Jagd eine maßgebliche Rolle, ihr Fehlen oder eine nichtpassende Unterkunft mindert in meinen Augen das Erlebnis.

Mein Wunschtraum, eine zünftige Jagdhütte zu bewohnen, ist innerhalb von mehr als sechzig Jagdjahren nur spärlich in Erfüllung gegangen, sieht man von einigen wenigen Ausnahmefällen ab, wo anläßlich einer Jagdfahrt einmal eine echte Jagdhütte zur Verfügung stand. So erinnere ich mich dankbar an die Sulzwiesenhütte in Weyer. 1875 erbaut, lag sie in einer kleinen Lichtung aus groben Blöcken gefügt, niedrig und heimelig an die Taubenbründlhütte in der Prein und an eine Hütte am Südhang der Fogarascher Berge. Auch sie lag an einer Lichtung unweit eines kleinen Bergsees, bestand aus drei Räumen.

Unweit von ihr stand eine mächtige Bärenfährte im Moospolster.

In den meisten Fällen im Osten und Nordosten erwies sich die zur Unterbringung des Jagdgastes als Jagdhaus deklarierte Unter-

kunft als das zur Bewohnung adaptierte, reichlich ungemütliche, jeden jagdlichen Flairs entbehrende Wohnzimmer im Hause des Hegers, fern vom Revier.

Eine Unterkunft, wie im Kapitel „Hirschbrunft in Pannonien“ beschrieben, lehne ich ab. Bei allen meinen ungarischen Jagdfahrten habe ich nie eine echte jagdliche Unterkunft erlebt, sondern immer nur von der MAVAD falsch deklarierte Privatunterkünfte, worunter die jagdliche Atmosphäre litt. In Polen war es nicht besser.

Die Romantik der Jagdhütte blieb unerfüllt, keine gemütliche Sitzecke im niedrigen, nur vom Propangas oder der Petroleumlampe erleuchteten Hüttenraum, wo sich gemütlich plaudern ließ, wo man hinter einem Glas Rotwein mit Jagdgefährten oder Berufsjäger Erinnerungen austauschte.

Spartanische Einrichtung, aber eine echte, zünftige Jagdhütte mitten im Wald, auch wenn es keine Wasserleitung gab und man das Wasser von der nahen oder weiter entlegenen Quelle holen mußte, auch wenn die Betten hart waren.

So eine Hütte war die Kokaserhütte im Gasteinertal! Sie war wahrscheinlich eine der bescheidensten Hütten überhaupt. Es war eine Einraumhütte. Als ich sie übernahm, mußte sie erst instandgesetzt werden. Sie war bequem für zwei Mann ausgelegt. Im Notfall konnte sie auch drei beherbergen. Sie lag am Rande einer Aufforstung oberhalb eines Grabens. Die Kultur war schon so hoch gewachsen, daß sie die Hütte vor neugierigen Blicken verbarg. Trat man vor die überdachte Hüttentür, so sah man zwischen den Fichtenwipfeln auf den Bärnkogel, unseren Hauptberg. In dessen abweisenden Wänden konnte man mit dem Glas gut die Gams beobachten. Ein zweites Fenster wurde eingesetzt, der Herd erhielt eine neue Platte. Eine Sitzecke mit Tisch wurde eingebaut. Die Hütte hatte einen kleinen Anbau, der als WC funktionierte. Dieses wurde stillgelegt und einer anderen Verwendung zugeführt, während einige Schritte tiefer ein neuer Abort errichtet wurde, so daß der Quellenbach durch ihn durchfließen konnte und auf diese Weise eine Art Wasserspülung erreicht wurde.

Bei ihrer Kleinheit war sie leicht zu beheizen, es gab die ge-

liebte Sitzecke, es gab genügend Borde und Haken zur Unterbringung der verschiedenen Utensilien. Das alte Abzugsrohr aus verrostetem Blech wurde durch einen gemauerten Kamin ersetzt.

Acht Jahre konnte ich drei- bis viermal im Jahr diese Hütte genießen: zur Hahnbalz, zur Reh- und Hirschbrunft, wenn die Schneelage es gestattete, was ob der Lawinengefahr im Gamsgelände nur zweimal der Fall war, und auch zur Gamsbrunft.

Es war ein Hochgefühl, wenn man heimkam, den Schlüssel aus dem Versteck holte, aufsperrte und eintrat. Späne und Holz waren immer bereit. Mit ein paar Griffen war Feuer gemacht, und bald verbreitete sich wohlige Wärme. Man war gewissermaßen zuhause; alles atmete jene Atmosphäre, die zu einem vollkommenen Jagdbetrieb gehört.

Die Kokaserhütte steht nicht mehr. Nach meinem Ausscheiden als Mitpächter — sie war inzwischen so zugewachsen, daß kein Sonnenstrahl sie mehr erreichte — wurde sie nicht mehr benutzt; man hatte eine günstigere Lösung gefunden, und das besiegelte ihr Ende. Ich aber denke immer dankbar an die Stunden, in denen sie mich beherbergte.

Auf Kahlwild im Gasteinertal

Ich habe mehrfach von der Hochgebirgsjagd im Gasteinertal berichtet, an der ich neun Jahre lang beteiligt war. Hauptsächlich in der zweiten Hälfte August bezog ich meine Hütte in fünfzehnhundert Meter Seehöhe. Dort oben war die Rehbrunft meist noch in vollem Gange, daneben konnte man sich auch dem Kahlwildabschuß widmen.

So pirschte ich nach einem längeren vergeblichen Ansitz auf einen Rehbock am Fuße des Lahnstrichschlages weiter, um in die nächste Mulde Einblick zu nehmen, und komme auf sechzig Schritt mit einem einzigen Tier zusammen, das mich aber nicht wahrnimmt. Im Schuß geht das Stück rumpelnd hochflüchtig bergab, ist aber für mich sofort überriegelt. Es ist jetzt schon zu dunkel, als daß man am Anschuß etwas feststellen könnte. Ich gehe also auf die Hütte. Der Revierjäger Engel mit Tasso, seinem Bayrischen, und ich gehen am nächsten Morgen um 04.30 Uhr auf die Nachsuche. Tasso zieht vom verblendeten Anschuß weg gleich an, faselt dann etwas. Engel schnallt ihn, nach einer Weile kommt er zurück. Wir glauben, er hätte nichts gefunden, weil überhaupt kein Schweiß lag. Tasso verschwindet wieder und führt so zu dem in der Flucht zusammengebrochenen Stück. Über den Schuß wurden wir uns nicht ganz klar. Ein Pflock des Weidezaunes am Anschuß zeigte die Kugelspur. Das Stück, das mit dem Haupt bergab gestanden hatte, wies rechts tiefwaidwund anscheinend den Einschuß auf, links, ganz tief Blatt einen großen Ausschuß, der nach Geschoßzersplitterung aussah. Geschossen am 19., gefunden am 20. August. Das Tier führte kein Kalb.

Am 3. Oktober des gleichen Jahres sitzen Engel und ich beobachtend am Kokaserschlag. Kein Ton zu hören. Um 17.30 Uhr zieht am Hang vor uns ein Schmaltier aus; kommt dahinter ein Hirsch? Das Tier bleibt allein und wird knapp vor Ende des Büchsenlichtes von mir auf 150 Schritt beschossen, ich sehe im

Mündungsfeuer kein Zeichen mehr. Mein Begleiter sagt, es habe sich auf den Vorderläufen erhoben und sei dann umgeschlagen und verschwunden. Also wieder Nachsuche am nächsten Morgen. Es findet sich mit Leberschuß zehn Schritt vom Anschuß.

In der Saugrube gibt es in der Mitte einen lockeren Lärchenbestand, während die Lehne links davon von Erlen bedeckt ist. Ich pirsche bis ans Ende der Lärchen und entdecke in den Erlen zwei Stück Hochwild. Ich gehe zu Boden und krieche bis zu einem günstigen Beobachtungspunkt. Das Alttier, zu dem sicher ein Kalb gehört, und ein Schmaltier sind in den Erlen so gedeckt, daß ich nicht zu schießen wage. Nach einer Stunde zieht das Alttier nach links, verhofft ungedeckt, während das erwartete Kalb sichtbar, aber nicht frei wird. Plötzlich wechselt das Tier zurück, verschwindet und erscheint wenige Minute später am Rande der Erlen, wieder wird das Kalb sichtbar, ist aber wieder verdeckt. Das Schmaltier ist verschwunden. Das Tier zieht neuerdings ein und kommt wieder links etwas tiefer zum Vorschein, dahinter das Kalb. Jetzt werde ich auf 200 Schritt die Kugel los, es ist 19.25 Uhr. Das Kalb macht eine Riesenflucht und fliegt geradezu bergab in die Erlen, das Alttier geht in rasenden Fluchten ab. Jetzt prasselt auch das Schmaltier über die Lücke.

Ich steige nach oben und walge das Kalb, es ist ein Wildkalb, den Hang herunter. Es wird jetzt rasch dunkel, über dem Saulakkentörl geht der Mond auf. Ein Reh schreckt. Ich schleife das Kalb zur Heinreichsalm, ein mühsames Beginnen, wo ich es bei Taschenlampenbeleuchtung lüfte und auf den Zaun hänge. Um 21 Uhr bin ich endlich auf der Hütte.

Drei Tage später steige ich von den Torköpfen hinunter auf ein Köpfel, von wo man den ganzen darunterliegenden Revierteil überblickt, mit einem schönen Ausblick, der von den Loferer Steinbergen bis zum Ankogel reicht. Das Wetter will mir allerdings nicht gefallen, denn im Westen braut sich allerhand zusammen. Um 18 Uhr wechselt ein Tier allein vom Moserboden in die Mirsingeben, direkt auf mich zu. Auf 150 Schritt steil bergunter erhält es die Kugel auf den Stich, zeichnet, schlägt um und bricht nach wenigen Fluchten zusammen. Beinahe hätte ich auch noch das dazugehörige Schmaltier geschossen, ich sehe es

im Holz, aber im letzten Moment schlägt es um. Als ich zum Tier herantrete, zeigt mir die Spinne an, daß es das Tier ist, dessen Kalb ich neulich erlegte.

In der Gamsbrunft kam ich nur selten ins Revier, lag kein Schnee, standen die Gams turmhoch und unerreichbar in den Wänden des Lading- und des Bärnkogels. Gab es viel Schnee, konnte man wegen Lawinengefahr nicht in die Kare.

Einmal paßte das Wetter und die Schneelage, doch mit den Gams will es nicht klappen, aber ich habe noch einen Hirsch frei, und der Kahlwildabschuß ist auch noch nicht erfüllt. In der Präan-Saugrube gelingt es Engel und mir, an ein Rudel von zwanzig Stück heranzukommen. Ich fehle ein abseitsstehendes Alttier. Das Rudel, das nicht weiß, woher der Schuß kommt, tritt durcheinander, wodurch ich in die Lage komme, auf ein anderes Stück zu schießen. Während Engel glaubt, es wäre wieder zu weit gewesen, sehe ich, wie das Tier schwerkrank stehenbleibt und auch Schweiß auf der Flanke. Ein zweiter Schuß läßt das Tier sich niedertun. Das Rudel geht endgültig ab. Engel umgeht das Stück und gibt ihm den Fangschuß.

Es war ein weiter Schuß, woraus sich ergibt, daß das zuerst beschossene Stück einfach zu weit gestanden hatte. Wir schleppen das Tier zurück bis zur Präanalm, wo wir es hinterlassen.

22. November, 9.00 Uhr. Am Nachmittag pirschen wir auf die Stöcklalm, wo wir auf ein Schmaltier stoßen, das auf 120 Schritt meine Kugel erhält und nach wenigen Fluchten zusammenbricht. Nicht alleweil schießt man zwei Stück an einem Tag, aber es wimmelte von Kahlwild, zum Hirsch reichte es nicht mehr.

In der Palfau

Ich habe wieder einmal in meinem Schußbuch geblättert, das ich seit 1929 geführt habe. Dabei bin ich auf eine Eintragung vom 4. 12. 1931 gestoßen. Das sind jetzt 60 Jahre, und dennoch steht die Erinnerung des jagdlichen Geschehens deutlich vor mir. Die Nebenumstände sind allerdings verblaßt. Es war ein zweitägiger Riegler in einer kleinen Eigenjagd, der Eigner war ein Wiener Rechtsanwalt, Nachbar der damals noch riesigen Reviere der Grafen Larisch. Wie ich zu dieser Einladung kam, weiß ich nicht mehr. Der Riegler wurde zu Ehren zweier hochrangiger schlesischer Forstleute veranstaltet.

Ich fuhr — ich lebte damals in Wien — voll Spannung und Erwartung in die Palfau. Auto gab es damals nicht, man war auf Bahn und Bus angewiesen, das heißt, man brauchte fast einen Tag bis man an Ort und Stelle war. Man übernachtete im Gasthaus. Am nächsten Morgen ging es zeitig los. Ich, als jüngster der Teilnehmer, hatte den höchsten Stand, was einen dreistündigen Anstieg bedeutete. Schweißtriefend kam ich oben an, aber nach dem Hemdwechsel war mir ganz wohlig. Der Stand war ideal. Vor mir lag eine schmale, auf drei Seiten von Hochwald umrahmte Waldwiese, die nach unten in eine Steilstufe abfiel und Einblick in die darunterliegende Wiese gab.

Um zehn Uhr sollte der Hebschuß fallen und der Riegler beginnen. Bums! Der Riegler beginnt auf die Minute. Ich sitze auf einem verblendeten Erdsitz am oberen Waldrand. Es dauert nicht lange, wechselt in mäßigem Troll ein Sechserhirsch quer über die Wiese und fällt auf sechzig Schritt im Feuer. Sonst fällt kein Schuß. Ich bin hochbeglückt.

Nach einer Weile wechselt unterhalb des Steilabfalls ein guter Gams durch, wird aber von mir leider gefehlt. Weiterhin sonst kein Schuß.

Inzwischen ist es Mittag geworden, und ich greife zu Speckbrot und Tee, denn es tut sich gar nichts mehr, und ich rechne kaum mehr mit Anblick. Das Wetter ist mild, und es liegt kein Schnee, es scheint die Sonne und es ist eigentlich ein Prachttag.

Aber jetzt ist dort links im Hochholz eine Bewegung! Es ist nicht zu glauben, da kommt wieder im Troll ein Hirsch daher, diesmal ist es ein Gabler, er rouliert im Schuß. So ein Dusel!

Meine Schüsse waren die einzigen dieses Jagdtages. Die hohen Herren hatten keinen Anblick, blieben Schneider, ich Jungjäger kam mit zwei Brüchen daher. Es gab lange Gesichter.

Am nächsten Tag fand dann der zweite Riegler statt. Wieder saß ich hoch oben am Rande einer mit Latschen bestandenen Rinne am Waldrand. Bei dem Gamsbock von gestern hatte ich übereilt geschossen, diesmal wollte ich mir mehr Zeit lassen für den Fall, ich käme zu Schuß. Lange sitze ich ohne Anblick und Ausblick, aber da erscheint plötzlich von oben kommend ein starker Gamsbock in der Rinne; gemach, der muß unter mir durch. Glaubt man. Mit einer eleganten Flucht ist er über dem Graben im Wald verschwunden. Noch heute sehe ich das Bild deutlich vor mir. Fehlspekulation!

An diesem Tag fiel überhaupt kein Schuß! Es hat viele, viele Jahre gedauert, bis ich wieder einmal zwei Hirsche an einem Tag schießen konnte, nämlich in der Hirschbrunft 1975, die aber waren hochjagdbar.

Der erste Hirsch meines Lebens fiel 1930. Meine Frau und ich waren noch nicht lange verlobt, und ich war zu Besuch bei den Schwiegereltern in Steinitz. Meine Braut und ich bezogen einen Hochstand auf einem großen, stark verwachsenen Schlag, wo ein starker Rehbock seinen Einstand haben sollte. Spät am Abend zeigte sich in den Büschen ein roter Fleck, dann ein Haupt voller Geweih. Das ist er! Es ist sehr weit. Endlich wird das Blatt frei, im Schuß verschwindet der Bock.

Zur Nachsuche ist es bereits zu finster, sie wird also auf den nächsten Morgen verschoben.

Mein Schwiegervater kommt mit. Am Anschuß Schweiß an den Blättern, aber merkwürdig hoch, schon bald stehen wir vor dem Gestreckten . . . geringer Kolbenhirsch. Im Juni! Es gab natürlich ein Riesendonnerwetter, das aber mehr meiner wildkundigen Braut galt als mir rotwildunkundigem Anfänger. Es war ein sehr schwacher Hirsch, was mit ein Grund zur Verwechslung war, aber eine Blamage blieb es doch.

Erinnerungen an Steinitz

Ich habe in meinem Buch „St. Hubertus sei gedankt" der Herrschaft Steinitz (Ždánice) meines Schwiegervaters und ihrer jagdlichen Verhältnisse ausführlich gedacht.

Als ich als Verlobter 1930 meinen ersten Urlaub in Steinitz verbringen durfte, eröffnete sich dem Jungjäger mit geringster Erfahrung ein jagdliches Paradies. Der bis nahe an den Ort, in dessen Mitte das Renaissanceschloß lag, herantretende Wald war vom Fürsten Liechtenstein gepachtet und bestand aus den Revieren Steinitz, Archlebau und Morein, insgesamt über 6000 ha. Im Norden grenzte er an das Revier Austerlitz, das einem Grafen Pálffy gehörte, welches überhöhte Rotwildbestände aufwies, was sich in schlechter Geweihqualität bemerkbar machte. Die Hauptbrunftplätze waren im Austerlitzer Revier, doch gab es auch bei uns immer wieder Brunftrudel.

Ich habe damals in dem einen Sommer vierzehn Rehböcke geschossen, eine Zahl, die ich nie wieder erreichte, aber in diesem riesigen Waldkomplex konnte und durfte man aus dem vollen schöpfen. In den vierzehn Jahren, in denen ich noch in Steinitz jagen durfte, habe ich sieben Hirsche erlegt, fünf davon waren geringe, deren Geweih in einem Handkoffer Platz hatte, weswegen sie auch „Kofferhirsche" genannt wurden. Vom besten habe ich schon berichtet, er fiel am Židovský kopec. Vom einzigen Feisthirschen, den ich je schoß, will ich noch erzählen.

Mitten im Moreiner befand sich ein kleiner, heimlicher Schlag, von Dickungen umrahmt. Eine Kanzel stand am unteren Rand. August — es hatte den ganzen Tag geregnet und erst am späteren Nachmittag aufgehört. Der Wald triefte, in den Dickungen tropfte es, da würde wohl das Wild in Bewegung kommen. Also fuhren meine Frau und ich mit dem Pferdewagen zu diesem Schlag, wo wir uns absetzen ließen und ganz vorsichtig auf

die Kanzel kletterten. Tiefe Stille. Um 19.15 Uhr schiebt sich ein Wildkörper aus der Dickung. Hirsch!

Ein Eissproßzehner, ich bin schon im Anschlag, auf zwanzig Schritt erhält er die Kugel, die ihn am Fleck zusammenbrechen läßt. Das hatte einmal geklappt. Meine Frau behauptete hinterher, hinter dem Zehner sei noch ein Stück in der Dickung gestanden, das wäre eventuell noch ein stärkerer Hirsch gewesen, denn speziell in der Feist ziehen zuerst die schwächeren aus. Sei's drum. Letzter Bissen und Bruch, mit dem Hut in der Hand stehe ich vor dem für Steinitzer Verhältnisse braven Hirsch. Ich war tief beglückt. So geschehen am 22. 8. 1936.

Der Wagen kam uns abzuholen, die Bergung war einfach, wir konnten den Hirsch gleich mitnehmen.

Auch dieses Geweih ging verloren, als die Familie vor den sich nähernden Russen im Pferdetreck die Heimat verließ.

Fünfundzwanzig Jahre später gab es ein unerwartetes Wiedersehen. Der Umbruch in der Tschechoslowakei ermöglichte unbehindertes Reisen dorthin. So kam es, daß wir 1990 unsere diamantene Hochzeit in der barocken, frisch renovierten Kirche von Steinitz feiern konnten, in der wir vor 60 Jahren getraut worden waren.

Das Wiedersehen mit dem Schloß war eher traurig. Es war in den Besitz der Gemeinde gekommen; wohl hatte man ein neues Dach aufgebracht, aber die Dächer der runden Ecktürme waren im Verfall und der Verputz am Abblättern. In den ehemaligen Wirtschaftsräumen des Erdgeschoßes hatte man ein Museum eingerichtet, dessen bedeutendste Bestände aus antiken Möbeln der Vorbesitzer und Familienbildern, ferner aus Erinnerungen an den maria-theresianischen Feldmarschall Freiherrn von Loudon, dessen Nachkommen damals ebenfalls in Steinitz lebten, neben allerlei schäbigem, kunterbuntem Kram bestanden.

Immerhin konnte man den zahlreichen Enkeln und Urenkeln einen Blick in die Vergangenheit bieten.

Wunschheim · Jagd vorbei!